팔영산 능가사와 조각승 색난

고 경 古鏡

1984년 전남 순천 송광사 입산(恩師 石林玄虎)

현재 송광사 성보박물관장

주요저서

『曹溪山 大乘禪宗 松廣寺』(改正編輯, 松廣寺, 2001), 『譯註 寶林寺重創記』(監修, 장흥문화원, 2001), 『괘불조사보고서Ⅱ』(校勘, 문화재연구소, 2000), 『괘불조사보고서Ⅲ』(校勘, 문화재연구소, 2004) 외 다수

최선일 崔宣一

홍익대학교 대학원 미술사학과 졸업(文學博士)

문화재청 인천국제공항 문화재감정관실 감정위원

경기도·서울특별시 문화재전문위원, 명지대학교와 충북대학교 출강 등

주요논저

「朝鮮後期 彫刻僧 色難과 그 系譜」, 「日本 高麗美術館 所藏 朝鮮後期 木造三尊佛龕」, 「고양 상운사 목조아미타삼존불좌상과 조각승 進悅」, 「17세기 조각승 守衍의 활동과 불상 연구」 등이 있다. 저서는 『朝鮮後期僧匠人名辭典－佛教彫塑』(2007, 양사재)와 『17세기 彫刻僧과 佛像 研究』(2009, (재) 한국연구원) 등이 있다.

팔영산 능가사와 조각승 색난

초판 1쇄 인쇄 : 2010년 5월 20일
초판 1쇄 발행 : 2010년 5월 30일

엮은이 : 고경·최선일
펴낸이 : 한정희
편 집 : 신학태 문영주 김지선 정연규 안상준
영 업 : 이화표 관리 : 하재일, 양현주
펴낸곳 : 도서출판 양사재

주 소 : 서울특별시 마포구 마포동 324-3
전 화 : 02-718-4831~2 팩스 : 02-703-9711
이메일 : kyunginp@chol.com
홈페이지 : 한국학서적.kr / http://www.kyunginp.co.kr

값 25,000원
ISBN : 978-89-960255-4-2 93620

팔영산 능가사와 조각승 색난

고경·최선일 엮음

추천의 글

전라남도 고흥군에 위치한 능가사楞伽寺는 대한불교조계종 제21교구 송광사松廣寺의 말사末寺로, 남도의 명산名山 팔영산八影山 북서쪽 자락에 위치하고 있다. 능가사는 신라시대에 창건되어 보현사라고 불렸으나, 임진왜란 기간 중에 소실燒失되어 1644년에 벽천정현碧川正玄 이 중창한 후 능가사로 명칭을 바꿔 오늘날에 이르고 있다.

벽천정현이 열반에 든 후에 그의 제자 민정敏淨·의헌義軒·상기尙幾 등이 스승의 뜻을 이어받아 중창 불사를 지속하였다. 사찰당우寺刹堂宇의 불사를 이룬 후 사승寺僧 수명秀明이 홍문관부제학 오수채吳遂采에게 글을 요청하여 1750년 경에 <능가사사적비楞伽寺事蹟碑>를 건립하여 사찰의 역사를 길이 남겼다.

현재 능가사에는 18세기에 중건된 대웅전大雄殿을 비롯하여 응진당應眞堂, 사천왕문四天王門, 범종梵鐘 등에 53건의 성보문화재가 있다. 사중寺中에서는 이들 문화유산의 보존과 관리에 힘쓰고 있다.

본인이 주지의 소임을 맡아 2003년에 부임하여 앞서가신 분들의 원력願力을 이어받아 체계적인 문화재의 지정과 중생구제衆生救濟에 더욱 매진하여 새로운 도약기를 준비하고 있다. 온고이지신溫故而知新이라는 말처럼 발밑을 바라보던 시선을 먼 미래로 옮기려고 한다면 마땅히 옛 전통과 지나온 자리를 바로보아야 한다. 이러한 때를 맞이하여 능가사의 발자취를 되돌아보고 그 동안의 활동을 평가하는 것은 앞으로의 발전을 기약하는 의미 있는 시도가 될 것이다.

본 사지寺誌의 발간을 계기로 능가사와 함께하는 사부대중은 부처님의 혜명慧命을 이어 중생의 어려움과 괴로움을 구제하는 데 진력할 것이다.

본서는 일제강점기에 필서筆書된 능가사지楞伽寺誌의 발견과 금석문을 정리해 주신 송광사 성보박물관장 고경 스님, 조선 후기 불교조각사에 거두巨頭인 조각승 색난色難 스님을 밝힌 문화재청 최선일 박사님, 추운 겨울에 몇 칠 동안 사찰 내 문화재의 촬영과 정리에 힘써준 동북아불교미술연구소 김희경 선생님, 조태건 군, 김정원 군, 김윤선 양이 없었다면 출판이 가능하지 않았을 것이다.

이 책의 발간으로 천년의 역사 속에 아무런 흔적도 남아있지 않은 사찰의 역사와 수많은 스님들의 삶의 흔적을 되찾아 복원되기를 기원하면서 오늘의 이 법연法緣이 상구보리上求菩提 하화중생下化衆生의 보살도로 실천되기를 발원發願한다.

불기 2554(2010)년 4월 6일

楞伽寺 住持 普輝 合掌

간행사

사찰寺刹은 승려와 신자들에게 예불禮佛과 수행修行의 도량이면서 일반인들에게는 문화유산文化遺產을 배울 수 살아있는 박물관이다. 1600년 전에 불교가 고구려에 전래된 이래 불교는 각 시대의 정치·경제·문화를 지탱하는 근간으로 면면히 전래되었다. 고려시대 이전에 불교는 국가의 지도이념체계로 활용된 반면, 조선시대에 들어와서는 유교를 숭상하고 불교를 억압하는 사회 분위기에서도 꾸준히 불사佛事를 도모하여 임진왜란 이후에 중창·중건된 사찰들이 현재까지 전해지고 있다. 사찰의 모든 전각에는 불상과 불화 등을 봉안하고 종교적인 성소聖所로 활용되면서 그러한 일렬의 작업과정을 사적기事蹟記나 현판懸板들에 적어놓았다. 특히, 개별 사찰마다 사찰의 연혁을 적어놓은 사적비를 건립한 것은 사찰의 연혁을 중요하게 생각하였던 현황을 이해할 수 있다.

사찰 내에 봉안된 성보문화재는 2000년부터 문화재청과 대한불교조계종에서 도 단위로 사찰문화재 도록을 발간하여 현존하는 성보문화재의 현황을 알 수 있게 되었다. 그 속에는 상량문上樑文, 화기畵記, 발원문發願文, 명문銘文 등에 대한 구체적인 내용이 공개되어 조성시기와 목적 및 관련 승려들에 대한 상세한 내용도 알 수 있다. 이러한 문헌사료를 바탕으로 개별 성보물의 양식적인 특징이나 변화과정을 밝히는 연구 논문들이 발표되어 조선후기 불교미술에 대한 이해의 폭을 넓혀지고 있다.

이에 비하여 사찰 내에 비장秘藏된 사적기寺蹟記 등이 공개되지 않아 구체적인 사찰에 대한 접근이 이루어지지 않고 있다. 전국에 산재하는 사찰의 금석문과 사적기 조사는 조선총독부朝鮮總督府에서 발간한 『조선사찰사료朝鮮寺刹史料』(1911년), 『조선금석총람朝鮮金石總覽』(1919년)을

시작으로 권상로 큰스님에 의하여 『한국사찰전서韓國寺刹全書』가 발간되었다. 1970년대 한국학문헌연구실에서 영인한 한국사지총서韓國寺志叢書 12권(『건봉사본말사적·유점사본말사지乾鳳寺本末事蹟·楡岾寺本末寺志』, 『대둔사지大芚寺誌』, 『금산사지金山寺誌』, 『대승사지大乘寺誌』, 『범어사지梵魚寺誌』, 『불국사지佛國寺誌(外)』, 『운문사지雲門寺誌』, 『유점사본말사지楡岾寺本末寺誌』, 『조계산송광사사고曹溪山松廣寺史庫』, 『전등본말사지·봉선본말사지傳燈本末寺誌·奉先本末寺誌』, 『태안사지泰安寺誌』, 『화엄사지華嚴寺誌』)과 1990년대 개별 사적기의 영인·번역(『호남좌도금릉현천태산정수사여지승람湖南左道金陵縣天台山淨水寺輿地勝覽』(梁光植 譯), 『도솔산 선운사지兜率山 禪雲寺誌』, 『역주 보림사중창기譯註 寶林寺重創記』) 등이 이루어졌다. 그럼에도 불구하고 전국 사찰에 소장된 사적기에 비하여 공개된 내용은 적은 편이다.

이에 동북아불교미술연구소에서는 전국 사찰에 소장된 사적기와 문헌자료 등을 영인하려고 한다. 이러한 영인과 색인 작업을 통하여 조선후기 불교사 연구에 사료적 가치를 제공하여 많은 연구자들이 조선후기 불교와 문화재 등에 대한 연구가 본격적으로 진행되었으면 한다.

2010. 4. 10

동북아불교미술연구소에서 **최 선 일**

<목 차>

八影山沙門 造妙工 色難의 삶과 藝術*

최 선 일

Ⅰ. 머리말

조선 후기 불교조각사 연구는 불상을 만든 개별 조각승의 활동과 그 계보 및 불상양식을 중심으로 활발하게 진행되고 있다.[1] 이러한 僧侶匠人(이하 僧匠)에 대한 접근은 조선 후기에 활동한 佛畵僧 義謙과 鑄鐘匠 思印에 관한 연구가 발표된 후,[2] 이를 바탕으로 17세기 후반에 전라도 지역을 중심으로 활동한 조각승 色難(色蘭)에 대한 연구가 이루어지면서 본격화 되었다.[3] 최근 조선 후기에 불상을 제작하거나 중수·개금에 참여한 僧匠과 주도적인 역할을 한 首畵僧에 관한 기초 자료까지 정리되었다.[4]

---

* 이논문은 「彫刻僧 色難의 활동과 佛像樣式」, 『博物館紀要』 23(단국대학교 석주선기념박물관, 2008), 81~110쪽에 게재된 내용을 일부 수정한 것이다.

1) 崔宣一, 「朝鮮後期 彫刻僧의 활동과 佛像研究」(홍익대학교 박사학위청구논문, 2006. 8)과 宋殷碩, 「17세기 朝鮮王朝의 彫刻僧과 佛像」(서울대학교 대학원 박사학위청구논문, 2007. 2).

2) 조선 후기 주종장과 불화승에 관한 체계적인 연구는 安貴淑, 「朝鮮後期 鑄鐘匠 思印比丘에 관한 研究」, 『佛敎美術』 9(1988), 128~181쪽과 安貴淑, 「朝鮮後期 佛畵僧의 系譜와 義謙比丘에 대한 研究(上)」, 『미술사연구』 8(1994), 63~137쪽 및 安貴淑, 「朝鮮後期 佛畵僧의 系譜와 義謙比丘에 대한 研究(下)」, 『미술사연구』 9(1995), 153~201쪽 등이다.

3) 최선일, 「朝鮮後期 全羅道 彫刻僧 色難과 그 系譜」, 『미술사연구』 14(2000), 35~62쪽.

4) 崔宣一, 『朝鮮後期僧匠人名辭典－佛敎彫塑』(養士齋, 2007).

그런데 흥미로운 점은 조선 후기에 활동한 조각승 가운데 기년명 불상과 문헌기록이 가장 많이 남아있는 인물이 色難이라는 것이다. 그와 관련된 연구논문은 6편이 발표될 정도로 조선 후기 불교조각사 연구에 한 획을 긋는 彫刻僧이다.[5] 따라서 2000년에 발표한 연구를 바탕으로 문화재 지정조사와 사찰문화재 전수조사를 계기로 밝혀진 불상과 문헌을 통하여 色難의 활동과 불상양식 및 변천까지 접근해 보겠다. 이와 같은 연구를 통하여 17세기 후반부터 18세기 전반까지 불상을 제작한 색난과 그 계보에 속하는 조각승의 불상양식과 같은 시기에 다른 지역에서 활동한 조각승들이 만든 불상과 비교하여 지역적인 차이까지 밝혀낼 수 있을 것이다. 그리고 이러한 연구 성과를 바탕으로 조선 후기에 제작된 무기년명 불상 가운데 색난파가 제작한 것으로 볼 수 있는 불상에 대하여 접근하여 보겠다.

본 논문에서는 조각승 色難이 제작한 기년명 불상을 시기별로 나누어 형식적인 특징을 구체적으로 살펴보고자 한다. 이와 같은 작업은 색난이 제작한 불상의 변천 과정을 밝힐 수 있는 단서를 찾기 위함이다. 그리고 색난이 제작한 불상과 사적기 등의 문헌 기록을 통하여 그의 활동과 불상양식을 검토하여 보겠다. 이러한 연구를 바탕으로 색난파에 속하는 개별 조각승의 활동과 불상양식에 대해서도 구체적으로 알아보고자 한다.

---

5) 金理那, 「뉴욕 메트로폴리탄박물관의 조선시대 가섭존자상」 『미술자료』 33(국립중앙박물관, 1982. 12), 59~65쪽 ; 崔仁善, 「康津 玉蓮寺 木造釋迦如來坐像과 腹藏」, 『文化史學』 1(한국문화사학회, 1994. 6), 129~158쪽 ; 崔宣一, 「日本 高麗美術館 所藏 朝鮮後期 <木造三尊佛龕>」, 『미술사연구』 16(2002), 137~155쪽 ; 吳珍熙, 「조각승 色難派와 華嚴寺 覺皇殿 七尊佛像」, 『講座 美術史－미술사의 작가와 유파 I』 26(韓國佛敎美術史學會, 2006), 113~138쪽 ; 송은석, 「고흥 능가사 대웅전의 목조삼방불좌상」, 『미술사의 정립과 확산』 2(사회평론, 2006), 176~197쪽.

Ⅱ. 彫刻僧 色難 作 紀年銘 佛像

현재까지 조사된 色難이 제작한 불상은 1680년에 광주 덕림사 <목조지장보살좌상>을 시작으로 총 13건, 백 여점에 이르고 있다. 이렇게 많은 불상이 남아있는 것은 17세기 후반부터 18세기 전반까지 그가 불교조각에서 차지하는 비중이 컸음을 알려주는 것이다.

1. 1680년대 기년명 불상

1) 1680년 광주 덕림사 목조지장보살좌상과 시왕상

광주광역시 덕림사 지장전에 봉안된 <목조지장보살좌상>은 내부에서 발견된 발원문의 일부가 공개되었지만, 당시에 조각승이나 후원자에 관한 관심이 적어 緣化秩과 施主秩 등을 구체적으로 밝히지 않았다.[6] 필자는 이 불상을 색난이 제작한 것으로 추정하였고,[7] 2005년에 광주광역시 지방문화재 지정조사를 계기로 발원문의 내용이 공개되었다. 발원문의 주요 내용은 “地藏大聖造成願文 康熙十九年庚申夏化主守閒和南謹封 … 於仲夏之晦奉安靈鳳寺勝因已就願無量海 … 緣化秩 證明 玉念 首工 色難 道軒 冲玉 慕賢 惠察 皎一 釋宗 得牛 楚卞 進機 性訓 …”으로, 1680년에 色難, 道軒, 冲玉, 慕賢, 得牛, 楚卞 등이 전남 화순 靈鳳寺에 지장보살상 등을 제작하였다.[8]

---

6) 朴春圭·千得琰, 『光州의 佛蹟』(光州直轄市 鄕土文化開發協議會, 1990), 244~246쪽.

7) 최선일, 「朝鮮後期 全羅道 彫刻僧 色難과 그 系譜」, 53쪽.

8) 불상에서 발견된 발원문 사진은 전남도청 정경성 선생님의 厚意로 확인할 수 있었다. 이후 사찰문화재 전수 조사를 통하여 사진과 원문이 학계에 공개되었다(『한국의 사찰문화재－광주/전남 Ⅰ·Ⅱ·Ⅲ』(대한불교조계종 문화유산발굴조사단, 2006), 圖14).

〈도1〉 색난, 〈목조지장보살좌상〉
1680년, 광주 덕림사
(화순 영봉사 조성)

<목조지장보살좌상>의 크기는 높이가 99.5센티미터이고, 무릎 폭이 70센티미터인 중형불상이다(도1). 지장보살좌상은 민머리의 성문비구형으로, 약간 상체를 앞으로 내밀어 구부정한 자세를 하고 있다. 각진 얼굴에 눈 꼬리가 약간 위로 올라가 반쯤 뜬 눈, 원통형의 코, 살짝 미소를 머금은 입을 표현하였다. 두꺼운 大衣는 단정하게 목주위에 옷깃이 한 번 접혀있고, 오른쪽 어깨에 걸쳐 팔꿈치 뒤와 복부를 지나 왼쪽 어깨로 넘어가고, 반대쪽 대의 자락은 왼쪽 어깨를 완전히 덮고 내려와 복부에서 편삼과 겹쳐져 있다. 하반신을 덮은 대의자락은 가장 안쪽 자락이 완만하게 펼쳐지고, 소매 자락은 왼쪽 무릎 밑을 완전히 덮은 연판형으로 처리되었다. 이와 같은 소매 자락은 1648년에 印均이 제작한 전남 여수 홍국사 <목조지장보살좌상>에서 볼 수 있다. 대의 안쪽에 입은 僧脚崎는 가슴까지 올려 끈으로 묶어 도식화 된 5개의 蓮瓣形 주름으로 접혀 있다. 따로 만든 두 손은 佛身의 손목에 끼워 넣었고, 수인은 어깨 높이까지 들어 올린 오른손과 허벅지 위에 자연스럽게 놓은 왼손을 엄지와 중지를 맞대고 있다.

2) 강진 옥련사 목조석가여래좌상과 정수사 목조나한상

전라남도 강진군 옥련사 대웅전에 봉안된 <목조여래좌상>과 정수사 나한상은 1990년대 복장조사가 이루어졌다.[9] 발원문의 중요 내용은

"新造像記文 其惟阿羅漢歟歲在甲子之春山之衲明彥其名者有志新構聖殿 … 康熙二十三年歲在甲子南至月下澣雲溪寒衲天機記 … 良工秩 上工 色難 副工 道軒 次工 行坦 慕賢 楚卞 雄遠 哲玉 道見 文印 緣化秩 證明 性元 泰儀 應眼 …"으로, 1684년에 明彥이 정수사 나한전을 새로 만든 후, 玲運이 발원하여 色難, 道軒, 行坦 등이 불상을 제작하였다. 현재 본존은 1951년에 강진 옥련사 대웅전으로 옮겨졌고, 나한상은 조성사찰인 정수사 나한전에 봉안되어 있다.

<목조석가여래좌상>은 높이가 86센티미터, 무릎 폭이 56센티미터인 중형불상이다(도2). 앞으로 숙인 머리는 螺髮이 촘촘하고, 肉髻의 표현이 명확하지 않으며, 머리 정상부에 원통형의 頂上髻珠와 이마 위에 반원형의 中間髻珠(⌓)가 있다. 두꺼운 대의는 변형통견으로, 대의 자락은 오른쪽 어깨에서 반달모양으로 걸친 후 팔꿈치와 腹部를 지나 왼쪽 어깨로 넘어가고, 다른 대의자락은 왼쪽 어깨를 완전히 덮고 내려와 결가부좌한 다리 위에 펼쳐져 있다. 불상의 뒷모습은 목 주위에 대의 끝단을 둘렀고, 왼쪽 어깨에 앞에서 넘어온 오른쪽 대의 끝자락이 길게 늘어져 있다. 오른손은 觸地印을, 팔목에 "釋迦"라는 명문이 적힌 왼손은 다리 위에 가지런히 놓은 채 손바닥을 펴고 엄지와 중지를 맞댄 형태를 하고 있다.[10] 전체적으로 강진 옥련사 불상은 1680년에 제작된 광주 덕림사 <목조지장보살좌상>과 身

〈도2〉 색난, 〈목조석가여래좌상〉
1684년, 강진 옥련사
(강진 정수사 조성)

9) 최인선, 「康津 玉蓮寺 木造釋迦如來坐像과 腹藏」, 129~158쪽.
10) 최인선, 위의 논문, 131쪽.

〈도3〉 색난, 〈목조나한상〉, 1684년 강진 정수사

體比例, 印象, 大衣와 僧脚崎 처리 등이 유사하다.

정수사 나한전에 봉안된 16나한상은 바위 위에 結跏趺坐, 半跏坐, 遊戲坐, 椅子坐 등의 다양한 자세로, 해태와 코끼리 등을 잡거나 경전을 들고 있다(도3). 얼굴의 형태는 전체적으로 각이 진 얼굴에 눈 꼬리는 약간 위로 올라간 눈, 원통형의 코, 어깨까지 내려온 귀, 미소를 머금은 입 등이 강진 옥련사 불상과 같다. 나한상의 착의를 보면 장삼 위에 가사로 왼쪽 어깨를 덮은 방식은 동일하지만, 장삼 안쪽에 內衣를 입은 상과 입지 않은 상으로 구분할 수 있고, 대부분의 나한상이 앉은 바위 위에 가사 끝자락이 늘어져 옷 주름선이 좌우 대칭을 이루고 있다.

3) 1685년 고흥 능가사 목조석가삼존불좌상과 목조나한상

전라남도 고흥군 능가사 팔상전 불상은 필자가 이전에 색난이 만든 것으로 추정하였다.[11] 불상에서 발견된 조성발원문의 중요 내용은 "新造成一如來六菩薩十六大阿羅漢二九童子二使者二帝釋兩金剛諸端嚴相記願　康熙乙丑六月日南閻浮提朝鮮國全羅道興陽縣八影山楞伽寺比丘尙機發大願生大信募諸檀那求諸妙工敬造　本師釋迦如來相與提花彌勒迦葉阿難文殊普賢六大菩薩及大阿羅漢十六帝釋二童子二九監齋直符二使若左右金剛諸端嚴相奉安… 康熙二十四年乙丑六月日秀演謹記 懶忍

11) 최선일, 「朝鮮後期 全羅道 彫刻僧 色難과 그 系譜」, 53쪽.

謹書 … 寺中秩 大禪師 正玄靈駕 大禪師 信熙靈駕 禪師 圓日靈駕 … 金魚 首 色難 道軒 順瓊 幸坦 楚祐 慕善 楚卞 得祐 徹玉 雄遠 文印 載軒 持殿 得俊 證師 玉念 … 大功德主 前行判 尙機"으로, 1685년에 色難, 楚祐, 徹玉, 道軒, 慕善, 雄遠, 順瓊, 楚卞, 文印, 幸坦, 得祐 등이 불상을 제작하였다.[12] 발원문의 寺中秩에 중창주인 碧川正玄의 이름 뒤에 靈駕가 표시되어 불상을 제작하기 2~3년 전에 그가 열반에 들었음을 알 수 있다.[13]

<목조석가여래좌상>의 크기는 높이가 104센티미터, 무릎 폭이 69.5센티미터인 중형불상이다(도4). 불상과 나한상은 1684년에 강진 옥

〈도4〉 색난, 〈목조석가여래좌상〉
1685년, 고흥 능가사

〈도5〉 색난, 〈목조보살좌상〉
1685년, 고흥 능가사

12) 이 불상은 2004년 4월에 송광사 성보박물관장 고경스님이 복장을 조사하였고, 필자는 2006년 1월 불상에서 발견된 발원문 내용을 알 수 있었다.

13) 능가사 대웅전 불상에서 발견된 발원문 중 1639년에 운혜가 불상을 제작한 것으로 보았지만(『楞伽寺 大雄殿 實測調査報告書』(文化財廳, 2003), 67~68쪽). 벽천정현의 활동과 비교하여 발원문의 내용을 검토한 결과 己卯六月을 乙卯六月으로 잘못 읽었음을 알게 되었다. 따라서 운혜의 활동시기는 기존에 알려진 바와 달리 1649년부터 1680년까지이다.

련사 <목조여래좌상>과 같은 模本을 사용하였을 것으로 추정될 정도로 양식적으로 동일하지만, 얼굴의 표정과 신체비례가 인체에 더 가깝다. <협시보살상>은 본존과 동일한 형태로 조각되었고, 머리에 화려한 寶冠과 양손에 연화가지를 든 것이 다르다(도5).

<목조가섭존자상>은 두 손을 가슴에 모아 깍지를 낀 자세로 장삼과 가사를 걸치고 있다(도6). 그러나 장삼과 가사에는 새롭게 改彩되어 고풍스러운 멋이 사라졌고, 가사는 붉은 색에 노랑색으로 선을 그려 대조를 이루는 마름모 모양으로 처리하였다. 어깨를 덮은 가사와 장삼은 손목에서 길게 늘어지고, 왼쪽 어깨에서 대각선으로 걸친 장삼은 무릎까지 길게 늘어져 있다. 다리 사이로 늘어진 옷단의 중간이 둥글게 뒤집혀 있어 주목된다. 아난존자상은 얼굴형, 손의 자세, 의습 표현에서 가섭존자상과 같지만, 젊은 얼굴에 정수리 부분이 튀어나오지 않은 점이 다르다. 이외 16나한상은 강진 정수사 <나한상>들과 같이 다양한 동물이나 경전을 들고 바위에 앉아 다양한 자세를 하고 있다(도7).

〈도6〉 색난, 〈목조가섭존자〉
1685년, 고흥 능가사

〈도7〉 〈목조나한상〉

4) 1689년 일본 교토 고려미술관 소장 목조삼존불감

〈도8〉 색난, 〈목조삼존불감〉, 1689년 일본 교토 고려미술관

일본 京都 高麗美術館에 소장된 <목조삼존불감>은 2004년에 필자가 복장 조사를 하였다.[14] 불상의 내부에서 발견된 발원문의 내용은 "願文 造像之緣始自何人之作而出也 … 康熙二十八 己巳二月日 … 巧匠通政大夫 色難 得牛 雄遠 證明 性元 …"으로, 1689년에 色難, 得牛, 雄遠이 불감을 제작하였다.

〈도9〉 〈목조아미타여래좌상〉

<목조삼존불감>은 전체 높이가 48.5센티미터로, 中龕에 아미타불을 중심으로 側龕에 관음과 대세지보살을 배치하였다(도8). 본존인 아미타불은 전체 높이가 37.0센티미터로 蓮花 줄기가 달린 대좌 위에 결가부좌한 자세를 하고 있다(도9). 앞서 살펴본 색난이 제작한 불상과 전체적인 형태는 동일하지만, 크기가 작아 의습 처리 등이 생략되었다. 側龕에 들어 있는 보살은 寶冠에 각각 化佛과 淨甁

14) 崔宣一, 「日本 高麗美術館 所藏 朝鮮後期 <木造三尊佛龕>」, 137~155쪽.

〈도10〉 색난, 〈목조불감〉, 1689년
한국불교미술박물관

〈도11〉 〈목조불감〉, 단양 구인사

이 표현되어 관음과 대세지보살이라는 것을 알 수 있다. <목조관음보살입상>은 높이가 31.0센티미터로 둥근 얼굴에 높은 보관을 쓰고, 보관 밑에는 짧은 細線으로 머리카락을 새겼으며, 어깨 뒤로 치레머리를 길게 늘어뜨리고 있다. 얼굴의 耳目口鼻와 手印은 아미타불과 같지만, 어깨가 좁으면서 신체에 비하여 머리가 큰 편이다. 신체에 걸친 대의는 본존과 같이 대의 안쪽에 편삼을 입고 있다. 대좌는 仰蓮과 伏蓮으로 이루어진 二重蓮花臺座로 끝부분에 내부 바닥에 끼울 수 있는 작은 꼭지가 달려 있다. 이 목조불감과 동일한 형태의 유물이 1689년에 색난이 제작한 서울 한국불교미술박물관 소장 <木造地藏三尊佛龕>(도10)[15]과 작자 미상의 단양 救仁寺 소장 <목조불감> 등이 있다(도11).[16]

---

15) 이 불감은 2004년 특별전(『衆生의 念願』(한국불교미술박물관, 2004), 圖16)에 공개되어 필자가 학예실에 발원문 사진이나 복사본의 실견을 문의했지만, 박물관 측에서 먼저 조사한 연구자가 논문을 발표할 예정이라는 의견을 들었다. 이후 색난이 제작한 불감이라는 의견을 발표하였고(최선일, 「조선 후기 조각승의 활동과 불상양식의 변천」, 100쪽), 최근에 불감 조성에 참여한 조각승이 알려졌다(吳珍熙, 「水落山 念佛寺 木 觀音菩薩坐像 考」, 『講座 美術史』 29(2007.12), 111쪽 註5).

2. 1690년대 기년명 불상

1) 1693년 구례 천은사 응진전 목조석가삼존불좌상과 나한상

전라남도 구례군 천은사 응진전 불상은 色難이 제작한 것으로 추정되었고(도12),[17] 최근 발원문 조사를 통하여 1693년에 色難, 幸坦, 淂牛, 雄遠, 文印, 執森, 秋鵬, 秋評이 불상을 제작하였다는 사실이 밝혀졌다.[18] <목조석가여래좌상>의 크기는 전체 높이가 89센티미터, 무릎 폭이 68센티미터로 중형불상에 속한다. 이 불상은 앞서 살핀 색난이 제작한 1680년 광주 덕림사 <목조지장보살좌상>, 1684년 강진 옥련사 <목조석가여래좌상>, 1685년 고흥 능가사 응진전 <목조석가여래좌상>과 전체적인 신체비례와 耳目口鼻의 처리 및 대의를 걸친 방식이 동일하다.

〈도12〉 색난, 〈목조여래불좌상〉
1693년, 구례 천은사

---

16) 이 불감은 본존의 인상과 대의처리 등을 바탕으로 1690년을 전후하여 색난이 제작한 것으로 생각한다.

17) 최선일, 「朝鮮後期 全羅道 彫刻僧 色難과 그 系譜」, 55쪽.

18) 吳珍熙, 「水落山 念佛寺 木 觀音菩薩坐像 考」, 『講座 美術史』 29(2007.12), 67~68쪽.

2) 1694년 화순 쌍봉사 목조석가삼존불상과 목조아미타불좌상

전라남도 화순군 쌍봉사 대웅전은 1984년 4월 3일 소실되었지만, 다행스럽게도 내부에 봉안되었던 <목조석가삼존불상>은 화재 시에 한 농부가 구조하였다.[19]

극락전에 봉안된 <목조아미타여래좌상> 대좌 밑바닥에 묵서의 주요 내용은 "… 康熙三十三戊戌 … 彌陀殿彌陀左右觀音大勢至菩薩 三層寶殿釋迦阿難迦葉尊者奉安 … 金魚秩 色蘭 慕賢 得牛 雄遠 執森 秋鵬 秋評 …"으로, 1694년에 色難, 慕賢, 得牛, 雄遠, 執森, 秋鵬, 秋評이 彌陀殿의 阿彌陀佛과 大雄殿의 釋迦佛을 제작하였다.[20]

<목조석가여래좌상>의 크기는 높이가 123센티미터, 무릎 폭이 80.5센티미터이다(도13). 불상의 인상과 착의법은 1680년에 광주 덕림사 <목조지장보살좌상>, 1684년에 강진 옥련사 <목조여래좌상>, 1685년에 고흥 능가사 <목조여래좌상>, 1693년에 구례 천은사 <목조여래좌상>과 거의 유사하지만, 무릎의 높이가 낮아져 인체비례를 따르고 있다. 본존과 같이 제작된 가섭존자는 두 손을 가슴에 모아 깍지를 낀 자세로 長衫과 袈裟를 걸치고 있다(도14). 어깨를 덮은 장삼은 손목에서 길게 늘어지고, 왼쪽 어깨에서 사선으로 걸친 장삼이 무릎까지 내려와 있다. 다리 사이로 늘어진 옷단이 둥

〈도13〉 색난, 〈목조석가여래좌상〉
1694년, 화순 쌍봉사

19) 대한불교조계종, 『사자산 쌍봉사』(무돌, 1995), 27~28쪽.
20) 최선일, 「朝鮮後期 全羅道 彫刻僧 色難과 그 系譜」, 52쪽.

〈도14〉 색난, 〈목조가섭존자상〉
1694년 화순 쌍봉사

〈도15〉 색난, 〈목조아미타여래좌상〉
1694년, 화순 쌍봉사

글게 뒤집힌 표현은 1685년에 고흥 능가사 응진전 <목조가섭존자상>에서 볼 수 있었다.

극락전에 있는 <목조아미타여래좌상>은 전체 높이가 165센티미터로 中品下生印을 결하고 있다(도15). 대웅전 <목조석가여래좌상>에 비하여 어깨가 벌어져 당당하고, 대의 안쪽에 편삼을 입어 석가불과 착의법이 다르게 표현되었다. 협시보살입상은 1989년에 도난당해서 근래에 새로 제작해 봉안하였다.[21)]

3) 1698년 제주 관음사 목조보살좌상 개금

제주도 제주시 관음사에 봉안된 <목조보살좌상>은 내부에서 발원문이 발견되었다. 그런데 발원문은 기존에 알려진 바와 달리 1698년에 전라남도 해남 성도암에서 조각승 色難 등이 이 보살상을 개금한 내용

21) 『불교문화재 도난백서』(대한불교조계종, 1999), 209쪽.

이다.[22] 이 보살상은 대흥사로 옮겨졌다가 1908년에 제주 관음사를 재건한 안봉려관 스님에 의하여 현재 위치로 옮겨 봉안되었다.

<목조보살좌상>의 전체 높이는 75센티미터로, 전체적인 형태와 대의 처리에서 1685년에 고흥 능가사와 1693년에 구례 천은사 보살상과 동일하여 1690년을 전후하여 제작된 것으로 보인다(도16).

〈도16〉 색난, 〈목조보살좌상〉 개금 1698년, 제주 관음사

4) 1699년 개인 소장 목조여래좌상

개인 소장의 <목조여래좌상>은 2001년에 서울 마이아트 경매에 출품되면서 처음으로 공개되었다. 불상에서 발견된 조성발원문은 "願佛 阿彌陀佛像造成大施主慈敬 增福永壽之願 證明 守和 持殿 鏡玲 匠手 色難 冲玉 雄遠 一機 … 大化主 性能 康熙二十六年乙卯五月十三日"로, 1699년에 色難, 冲玉, 雄遠, 一機가 불상을 제작하였다.

〈도17〉 색난, 〈목조여래좌상〉 1699년, 개인 소장

<목조여래좌상>의 크기는 높이가 25.3센티미터이고, 상체를 약간 앞으로 내밀

22) 이 보살상에서 발견된 발원문은 2005년에 김리나 홍익대학교 명예교수께서 필자에게 주셨다.

어 구부정한 자세로 연화대좌에 結跏趺坐하고 있다(도17). 불상은 소형으로 印象과 대의 표현에서 앞서 살핀 色難의 기년명 불상보다 세부표현이 단순하고 생략되어 있다.

3. 1700년대 기년명 불상

1) 1700년 미국 메트로폴리탄미술관과 영암 축성암 나한상

미국 메트로폴리탄미술관과 전라남도 영암 축성암에 소장된 <목조나한상>에서 발견된 발원문은 "康熙三十九年庚辰三月二十九日造成一代教主釋迦如來尊像迦葉阿難尊者等像又十六大阿羅漢等像奉安于靈岩郡南面頭輪山成道庵 … 緣化 善才良工 色蘭 一機 慕賢 秋鵬 秋平 …"으로, 1700년에 色蘭, 一機, 慕賢, 秋鵬 등이 해남 成道庵에 불상과 나한상을 제작하였다.[23] 현재 조사된 나한상은 迦葉尊者가 미국 뉴욕 메트로폴리탄미술관에, 那畔尊者가 영암 축성암에 봉안되어 있다.

메트로폴리탄미술관에 소장된 <목조가섭존자>는 전체 높이가 56센티미터, 대좌의 지름이 23센티미터이다(도18).[24] 가섭존자는 色難이 앞서 살펴본 1685년에 고흥 능가사와 1694년에 화순 쌍봉사 가섭존자와 비교하면, 얼굴과 耳目口鼻, 袈裟와 長衫의 착의법 등이 동일하다. 단지 깍지를 낀 양손이 위를 향하여 세운 각도만 차이가 난다. 축성암 소장 <목조나반존자상>은 16나한상 중 제 1존자로, 크기는 전체 높이가 46센티미터인 좌상이다(도19).[25] 나반존자는 양손을 결가부좌한 다리

---

23) 김리나, 「뉴욕 메트로폴리탄박물관의 조선시대 가섭존자상」, 64쪽 圖4 참조.
24) 목조가섭존자상은 1998年 메트로폴리탄박물관 韓國室 開館 때 나온 圖錄에 紹介되었다. Chung Yangmo, Ahn Hwijoon, Yi Songmi, Kim Lena, Kim Hongnam and Jonathan Best. et. al, Arts of Korea, New York: The Metropolitan Museum of Art. 1998, fig.34과 註236 참조.
25) 최선일, 「朝鮮後期 全羅道 彫刻僧 色難과 그 系譜」, 47~48쪽.

〈도18〉 색난, 〈목조가섭존자〉, 1700년
미국 메트로폴리탄미술관

〈도19〉 색난, 〈목조나반존자상〉
1700년, 영암 축성암

위에 가지런히 놓고, 머리를 약간 숙여 禪定한 자세를 하고 있으며, 신체에 비하여 두 손이 크게 강조되었다. 그러나 色難이 제작한 나한상으로 禪定을 한 자세는 1684년에 강진 정수사 나한전, 1685년에 고흥 능가사 응진전, 1693년에 구례 천은사 응진전에 제작한 예가 없어 1690년대 후반에 나한상의 자세가 변화되었음을 알 수 있다.

2) 1701년 해남 대흥사 응진전 목조삼존불좌상과 나한상

전라남도 해남 대흥사 응진전 불상은 기존에 色難이 제작한 것으로 추정하였다(도20).[26] 최근 공개된 발원문을 통하여 1701년에 色難, 幸坦, 慕禪, 雄源, 一機, 秋平, 致雄이 불상과 나한상을 제작하였음을 알게 되었다.[27]

---

26) 최선일, 「朝鮮後期 全羅道 彫刻僧 色難과 그 系譜」, 55쪽.
27) 『한국의 사찰문화재－광주/전남 Ⅰ·Ⅱ·Ⅲ』, 388쪽.

<목조석가여래좌상>의 크기는 높이가 82.4센티미터, 무릎 폭이 51.5센티미터로, 앞서 살펴본 1684년에 강진 옥련사와 1685년에 고흥 능가사 응진전 및 1693년에 구례 천은사 응진전 불상과 전체적인 신체비례와 이목구비의 처리 및 착의법 등이 동일하다.

〈도20〉 색난, 〈목조여래좌상〉
1701년, 해남 대흥사

3) 1703년 구례 화엄사 각황전 목조삼존·사보살상

전라남도 구례 화엄사 각황전 <木造三尊·四菩薩像>은 내부에서 발견된 발원문이 근래에 공개되었다.[28] 그 내용은 "康熙四十二年癸未 … 造釋迦 觀音像 八影山沙門 色難 造多寶 文殊像 曹溪山沙門 冲玉 造彌陀像 稜迦山沙門 一機 造普賢像 雄遠 造觀音像 秋朋 造智積像 秋平 順瑗 幸坦 勝梅 初卞 覺初 道還 道堅 德希 法融 大裕 進聰 定惠 進一 善覺 澄海 瑞行 仁陟 夏天 …"으로, 1703년에 色難, 冲玉, 一機, 雄遠, 秋朋, 秋平 등이 불상을 제작하였다. 화엄사 각황전은 잘 알려진 바와 같이, 碧巖 覺性의 문도인 桂坡 性能이 1699년에 장육전을 중수하여 1701년에 상량하고 그 이듬해 완공하였다. 각각의 불상은 책임자를 두고 제작한 점이 1675년에 운혜가 만든 고흥 능가사 불상에서 볼 수 있었던 작업방식이다. 이 발원문에서 가장 중요한 부분은 色難 앞에 八影山 沙門으로 언급된 것으로, 八影山은 高興 楞伽寺가 있는 산이다. 이 발원문이 공개되기 이전에 色難이 고흥 능가사와 밀접한 관련이 있을 것으로 추정하였지만, 이 발원문

28) 최선일, 「朝鮮後期 全羅道 彫刻僧 色難과 그 系譜」, 55쪽. 불상에서 발견된 발원문은 吳珍熙에 의하여 공개되었다(吳珍熙, 앞의 논문, 17~21쪽).

〈도21〉 색난, 〈목조여래좌상〉, 1703년 구례 화엄사

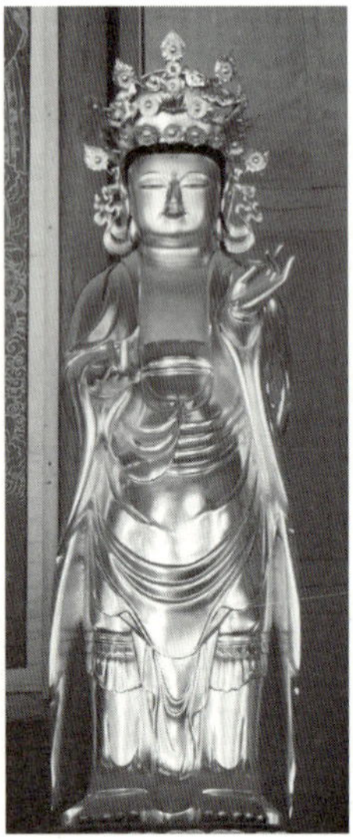
〈도22〉 〈목조보살입상〉

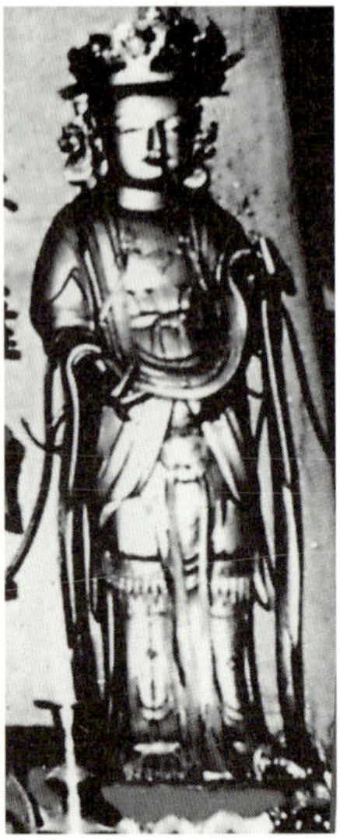
〈도23〉 색난, 〈목조보살입상〉, 1694년, 화순 쌍봉사(도난)

이 공개되면서 色難이 고흥 능가사에서 생활하였음이 확인되었다.[29]

<木造三尊·四菩薩像>의 본존은 전체 높이가 350센티미터, 무릎 폭이 250센티미터인 대형불상이다(도21). <목조석가여래좌상>은 상체를 약간 앞으로 내밀어 구부정한 자세를 하고, 얼굴은 1680년 광주 덕림사, 1684년 강진 옥련사, 1685년 고흥 능가사 불상들 보다 넙적하지만, 착의법은 거의 동일하다. 문수와 지적보살은 본존의 좌우에, 관음과 보현보살은 가장자리에 배치하였다(도22). <보살상>들은 손의 위치나 着衣法이 불상을 중심으로 좌우대칭을 이루고 있다. 보살상은 화려하게 장식된 보관을 쓰고, 대의와 안쪽에 편삼을 입었으며, 僧脚崎와 무릎 갑대를 착용하고 있다. 이 보살상은 현재 도난당한 1694년에 화순 쌍봉사 극락전 협시보살상과 이목구비의 처리와 착의법 등이 유사하다(도23).

29) 최선일, 「朝鮮後期 全羅道 彫刻僧 色難과 그 系譜」, 57~59쪽.

3) 1703년 서울 경국사 목조보살좌상

서울특별시 경국사에 봉안된 <목조보살좌상>은 내부에서 발견된 발원문에 1703년에 전라남도 영암 도갑사에서 색난이 제작한 것으로 적혀 있다.

<목조보살좌상>의 크기는 전체 높이가 70센티미터로, 전체적인 형태와 이목구비의 처리 및 착의법 등이 1685년 고흥 능가사와 1693년에 구례 천은사 보살상과 동일하다(도24).

〈도24〉 색난, 〈목조보살좌상〉 1703년, 서울 경국사

4) 1707년 고흥 능가사 불상

전라남도 순천 송광사 성보박물관에 소장된 능가사 사적기는 秘藏되었던 필사본으로 1995년에 고경스님에 의해 조사되었다. 1941년에 필사된 사적기는 조선 후기부터 일제침략기까지 상량문이나 발원문 등이 실려 있다. 내용 중에 「願文」은 "康熙四十六年丁亥四月日敬造新塑像奉安於八影山楞伽寺大道場也 … 證明 行修 誦呪 淸日 … 持殿 信益 彫妙工 通政大夫 色難 幸坦 通政大夫 雄遠 一機 荷信 混平 大猷 善覺 夏天 …"으로 적혀 있다. 이 발원문은 1707년에 色難, 幸坦, 雄遠, 一機, 荷信, 混平, 大猷, 善覺, 夏天이 능가사 大道場에 불상을 제작한 내용이다.

필자는 이 원문이 현재 능가사 대웅전에 봉안된 삼존불상 중 본존과 협시보살을 제작한 내용으로 추정한다(도25).[30] 이는 본존이 앞서 살펴

---

30) 2000년에 필자는 이 불상을 색난이 제작한 것으로 추정하였다(최선일, 「朝鮮後期 全羅道 彫刻僧 色難과 그 系譜」, 55쪽).

〈도25〉 〈목조여래좌상〉
1707년 추정, 고흥 능가사

〈도26〉 〈목조보살입상〉
1707년 추정, 고흥 능가사

본 색난이 제작한 불상과 인상이나 착의법 등이 유사하고, 현재 도난당한 <목조보살입상>과 1694년에 화순 쌍봉사 <목조보살좌상> 등이 유사하기 때문이다(도26).

5) 1709년 고흥 송광암 목조보살좌상

전라남도 고흥 송광암에 봉안된 <목조보살좌상>은 내부에서 조성발원문이 발견되었다. 그 내용은 "造像發願文 娑婆世界勝金州海東朝鮮國全羅道興陽縣東南千燈山金塔寺 … 康熙四十八年四月日記 … 造像片手通政 色難 雄元 混平 一齊 德熙 大裕 善覺 夏天 雷習 廣惠…"로, 1709년에 色難, 雄元, 混平, 一齊, 德熙, 大裕, 善覺, 夏天 등이 전남 고흥 금탑 불상을 제작하였다.

<목조보살좌상>은 전체적인 얼굴 표정이나 대의 처리에서 색난이 제작한 앞서 살펴본 보살상과 유사하지만, 더 아담하면서 조형적으로

〈도27〉 색난, 〈목조보살좌상〉
1709년, 고흥 송광암

〈도28〉 〈목조여래좌상〉, 1709년
광주 덕림사(『광주의 불적』)

완숙한 美를 가지고 있다(도27).

이 보살상에서 발견된 발원문과 동일한 내용이 1709년에 제작된 광주 덕림사 <목조삼존불좌상>에서 발견되었다(도28).

내부에서 발견된 발원문은 "造像發願文 裟婆世界勝金洲海東朝鮮國全羅道興陽縣天燈山金塔寺弟資德行的玄等伏以得人身甚難遇 … 本師釋迦如來及彌勒提花竭羅三尊像次畵成八相幀影… 康熙四十八年己丑孟夏日無用堂秀演撰"이다.[31] 이 불상은 1980년에 화재로 소실되어 남아있지 않지만, 사진을 보면 색난이 송광암 보살상과 동시에 제작한 불상이라는 것을 쉽게 알 수 있다.[32]

---

31) 朴春圭·千得琰, 앞의 책, 243~244쪽.

32) 최선일, 「朝鮮後期 全羅道 彫刻僧 色難과 그 系譜」, 55쪽.

Ⅲ. 彫刻僧 色難의 활동과 불상 양식의 변천

1. 色難의 활동

조각승 色難이 태어난 때와 僧匠이 된 배경에 대한 기록은 전해지고 있지 않으며, 불상에서 발견된 발원문과 단편적인 문헌기록을 통하여 활동과 조각승의 계보를 밝히는 것이 가능할 뿐이다. 색난과 관련된 문헌기록은 이제까지 20건으로, 불상에서 발견된 발원문 16건과 사적기 등의 문헌기록 4건이 알려져 있다.

〈표1〉 색난 관련 문헌기록

연도	지역	사찰	조성 내용	조각승	발원문과 봉안처
1680年	전남 화순	영봉사	목조지장보살좌상과 시왕상 제작	首工 **色難 道軒 冲玉 慕賢** … **得牛 楚卞** …	發願文 광주 덕림사 봉안
1683年	전남 고흥	능가사 능인전	가섭·아난존자상 제작	**色難** 得牛	서울 지장암 소장 오진희,「수락산 염불암 목관음보살좌상」
1684年	전남 강진	정수사 나한전	석가삼존, 아난·가섭, 16나한 등 제작	上工 **色難** 副工 **道軒** 次工 **行坦 慕賢 楚卞 雄遠**, …	發願文 玉蓮寺－석가상 淨水寺－나한상
1685年	전남 고흥	능가사	석가삼존, 아난·가섭, 16나한 등 제작	金魚 首 **色難** … **道軒** … **雄遠** … **楚卞** 文印 **幸坦 得祐** …	發願文 色難이 迦葉大施主
1689年			목조아미타삼존불감 제작	巧匠 通政大夫 **色難 得牛 雄遠**	發願文, 日本 高麗美術館 소장
1689年			목조지장삼존불감 제작	**色難 得祐 雄遠**	문명대,「조선시대 불교조각사론」 오진희,「수락산 염불암 목관음보살좌상」 한국불교미술박물관 소장

1693年	전남 구례	천은사	석가, 아난·가섭, 16나한 제작	**色難 幸坦 得牛 雄遠** 文印 **執森 秋鵬 秋評**	發願文
1694年	전남 화순	쌍봉사	목조석가삼존상과 목조아미타삼존상 제작	金魚 **色難 慕賢 得牛 雄遠 執森 秋鵬 秋評**	發願文
1698年	전남 해남	성도암	목조보살좌상 개금	**色難** …	發願文 제주 관음사 봉안
1698年	전남 고흥	능가사	범종 제작에 시주	通政 **色難**	銘文
1699年			목조불상 제작	匠手 **色難 冲玉 雄遠 一幾**	發願文 個人 소장
1700年	전남 해남	성도암	목조석가삼존, 아난·가섭, 16나한 제작	善手良工 **色蘭 一幾 慕賢 秋鵬 秋平**	發願文, 영암 祝聖庵 나반존자와 美國 메트로폴리탄 박물관 가섭존자 소장
1701年	전남 해남	대흥사 응진전	목조삼존불좌상과 나한상 제작	**畵工 色難 幸坦** 慕禪 **雄源 一機 秋平 致雄**	發願文 한국의 사찰문화재
1703年	전남 구례	화엄사 각황전	목조삼존·사보살상 제작	**色難 冲玉 一機 雄遠 秋朋 秋平… 幸坦 勝梅 初卞… 夏天**	發願文 八影山沙門
1703年	전남 영암	도갑사	목조보살좌상 제작	**色難**	서울 경국사 봉안
1707年	전남 고흥	능가사	소조불상 제작	彫妙工 通政 **色難 幸坦** 通政 **雄遠 一機** … **夏天**	
1707年	전남 고흥	능가사	禪門拈頌說話 간행에 대시주자 참여	**大施主 尙宗 大施主 色難 施主 德玄 書寫 全州金萬昌**	
1709年	전남 고흥	금탑사	목조보살좌상 제작	造像片手 **通政 色難 雄元 … 夏天**	發願文[33] 고흥 송광암 봉안 광주 덕림사 봉안(소실)
1711年	전남 고흥	능가사	기와 제작에 시주	通政 **色難**	銘文
1730年	전남 옥과	관음암	범종 제작에 시주	**色難**	銘文
1750年	전남 고흥	능가사	사적비 후면 언급	嘉善 **色難**	事蹟碑

33) 2006년 6월 전남 고흥 송광암 목조삼존불좌상에 대한 복장조사가 이루어졌다.

〈도29〉〈범종〉, 시주질 1698년, 고흥 능가사

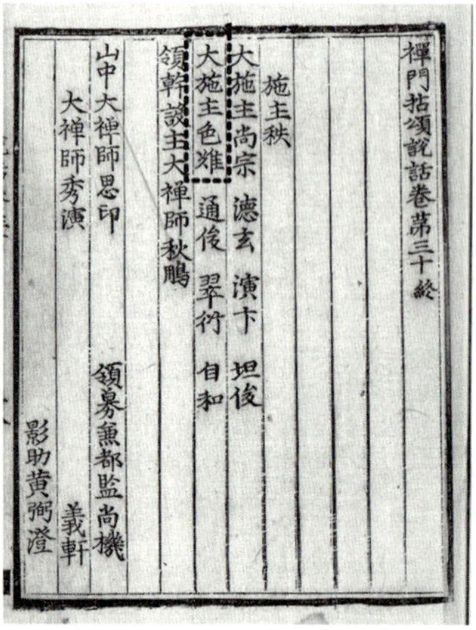

禪門拈頌說話卷第三十終

施主秩

大施主尚宗 德玄 演卞 坦俊

大施主色难 通俊 翠衍 自和

領幹說主大禪師秋鵰

山中大禪師思印

大禪師秀演

領身兼都監尚機 義軒

影助黃弼澄

〈도30〉『禪門拈頌說話』卷三十終 刊記 (大施主 色難)

위의 <표1>의 기록에서 色難은 1680년에 화순 영봉사 <불상>(광주 덕림사 봉안)을 제작할 때, 수화승으로 활동한 것을 보면 최소한 1680년 이전부터 불상 제작에 참여하였음을 알 수 있다. 그리고 1684년에 강진 정수사 나한전과 1685년에 고흥 능가사 불상을 제작하였는데, 후자는 1941년에 간행된『楞伽寺 史料』에 "新造成 一如來 六菩薩 十六大阿羅漢 二帝釋 二使者 二童子 兩金剛 諸端嚴相記願"이라고 無用 秀演이 적혀 있다.[34] 그런데 최근 능가사 응진전 불상에서 발견된 발원문이 공개되면서 無用秀演이 쓴 원문이 색난과 관계가 있음을 알게 되었다. 또한 1685년에 고흥 능가사 불상에서 발견된 발원문에 "迦葉大施主 通政兼金魚色難"으로 나

불상에서 발견된 발원문의 내용을 통하여 <목조여래좌상>은 1680년에 寶海가, <목조관음보살좌상>은 1709년에 色難이, <목조대세지보살좌상>은 1726년에 夏天이 제작하였음을 알게 되었다.

34) 한성욱·김문정·이은영·김상균, 「全南 高興 楞伽寺 四天王像 복장물 보존수리」, 『聖寶』 4(大韓佛敎曹溪宗 聖寶保存委員會, 2002), 176~177쪽 표10) 능가사 연표 참조.

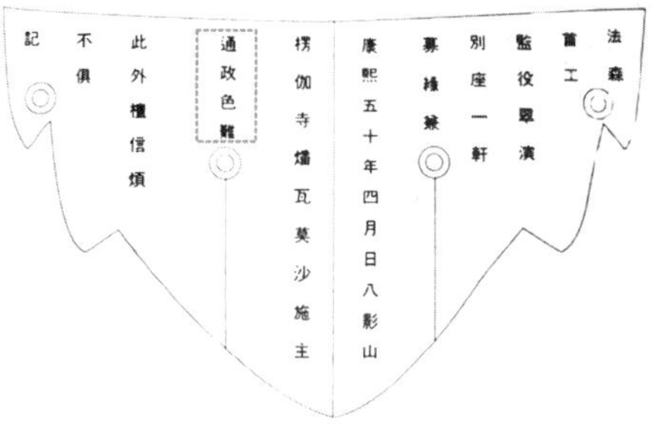

〈도31〉〈기와〉, 1711년, 고흥 능가사

와 있어 色難이 空名帖을 받은 시기가 기존 알려진 것보다 더 빠르다. 그러나 능가사 불상 발원문에서 施主秩에 通政大夫를, 緣化秩에 法名만 쓴 것을 보면, 연화질 내에서는 공명첩을 주로 쓰지 않았음을 알 수 있다. 다만 1689년에 고려미술관 <목조불감> 발원문에서만 특이하게 "巧匠 通政大夫 色難"이라 적어놓았다. 아직까지 色難의 스승이나 선배가 누구인지 밝혀지지 않아 이후 1660년대부터 1670년대까지 色難이 보조화승으로 참여한 불상이 발견되기를 바랄 뿐이다.

色難은 1693년에 구례 천은사 불상과 1694년에 화순 쌍봉사 대웅전과 극락보전 불상을 제작하고, 1698년 고흥 능가사 범종 주조에 시주자로 참여한 후(도29),[35] 해남 성도암 <목조보살좌상>(제주 관음사 봉안)을 개금하였다. 그는 1700년에 해남 성도암에 나한상을, 1703년에 화엄사 각황전 불상 가운데 釋迦牟尼와 觀音菩薩을 제작할 때 고흥 능가사에 거주하였다. 또한 색난은 1707년에 고흥 능가사 본존과 협시보살을, 1709년에 고흥 금탑사 보살좌상(고흥 송광암 봉안)과 목조삼존불좌상(광주 덕림사 화재로 소실)을 만들었

〈도32〉〈범종〉 시주질, 1730년, 곡성 서산사

35) 梵鐘의 銘文은『全南金石文』(全羅南道, 1990), 169~170쪽.

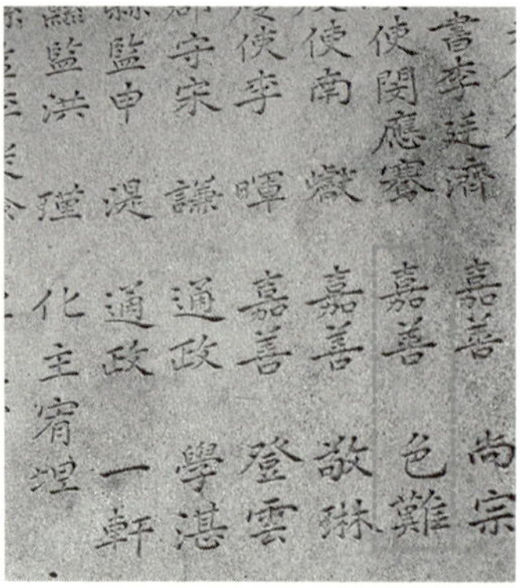

〈도33〉 〈능가사사적비〉 후면 일부, 1750년

다. 그러면서 그는 1707년에 『禪門拈頌說話』 간행(도30)과 1711년에 능가사 <기와>(도31) 및 1730년에 옥과 관음사 대은암 <범종>(곡성 서산사 소장)에 제작에 시주자로 기록되어 있다(도32). 이제까지의 고찰에 의해 색난은 최소한 1680년부터 1709년까지 造像 작업에 참여하고, 1730년까지 생존하였음을 알 수 있다.[36] 색난은 1750년에 건립된 高興 <楞伽寺事蹟碑>의 후면에 嘉善 色難으로 나와 있다(도33).[37] 이 사적비에는 雲惠와 같이 활동한 조각승 敬琳이 1685년에 나한전 조성에 시주자로, 1750년에 사적비에 嘉善으로 나와 色難과 敬琳이 楞伽寺와 밀접한 관련이 있음을 알 수 있다.

2. 色難 作 불상 양식의 변천

이제까지 색난이 제작한 기년명 불상을 중심으로 활동에 대하여 살펴보았다. 17세기 후반은 名山大刹의 주요 전각 내에 불상이 봉안되어 색난과 그 계보에 속하는 조각승들은 사찰의 응진전이나 암자에 주로 불상을 제작하였다. 그가 제작한 불상은 대부분 목조불상으로 크기가 75~355센티미터로 다양하지만, 주로 100센티미터를 전후한 크기의 불상을 제작하였다.

---

36) 관음사 범종 주조의 시주자 가운데 맨 마지막에 色蘭이 언급되어 있다(『谷城郡의 佛教遺蹟』, 167쪽).

37) 이 事蹟碑는 송광사 성보박물관장 고경스님에 의하여 1750년에 건립되었음이 밝혀졌다.

〈참고1〉 색난이 제작한 불상

a. 色難, <목조지장보살좌상>
1680년, 광주 덕림사

b. 色難, <목조불감 본존>
1689년, 일본 고려미술관

c. 色難,
<목조석가여래좌상>
1694년, 화순 쌍봉사

d. 色難, <목조석가여래좌상>
1701년, 해남 대흥사

e. 色難, <목조보살좌상>
1709년, 고흥 송광암

1680년대 광주 덕림사 <보살상>과 강진 옥련사 <불상>은 당당한 어깨에 다부진 신체를 지녔으며, 하반신의 높이와 너비가 상반신에 비하여 넓은 편이다. 1690년대 제작된 불상은 당당한 신체에 상반신과 하반신의 비례가 인체에 비슷해졌다. 1700년대 불상은 다양한 소재를 사용하면서 다양한 크기의 불상을 제작하여 약간씩 조형감각이 다르게 표현되었다. 마지막 기년명 불상인 1709년에 고흥 송광암 <목조보살좌상>은 커다란 보관을 쓴 머리에 비하여 어깨가 좁아졌지만, 아담한

〈참고2〉 색난파가 제작한 불상의 오른쪽 어깨에 걸친 대의 자락

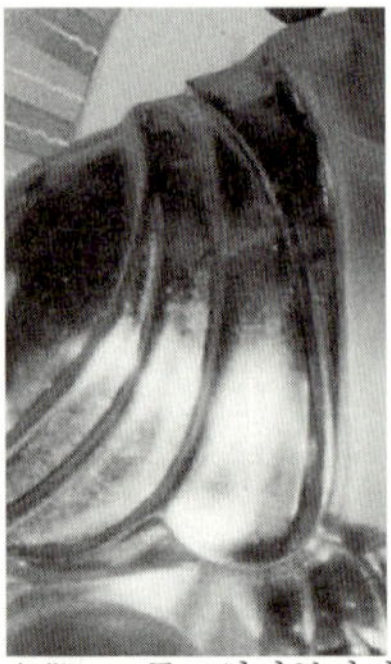

a. 色難, <목조석가불좌상>
1684년, 강진 옥련사

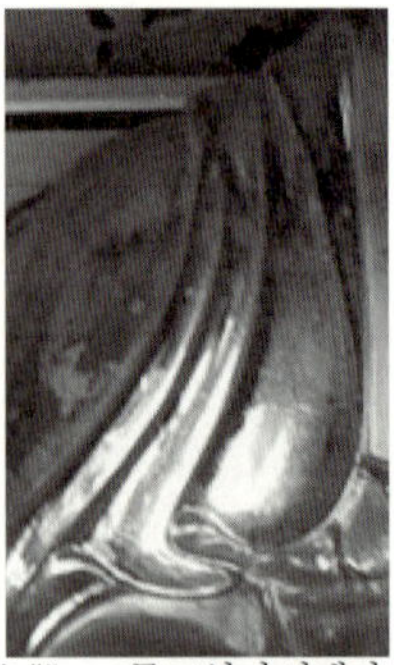

b. 色難, <목조석가여래좌상>
1694년, 화순 쌍봉사

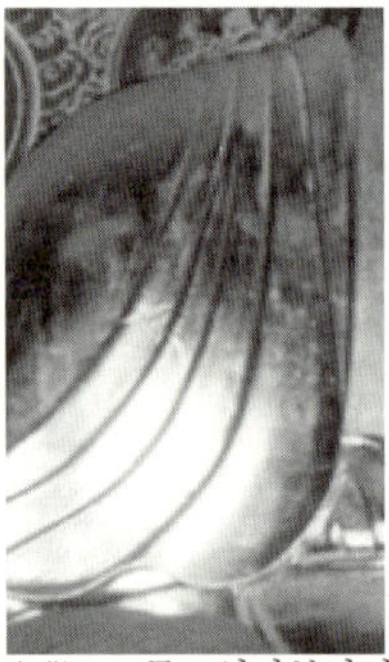

c. 色難, <목조석가불좌상>
1703년, 구례 화엄사

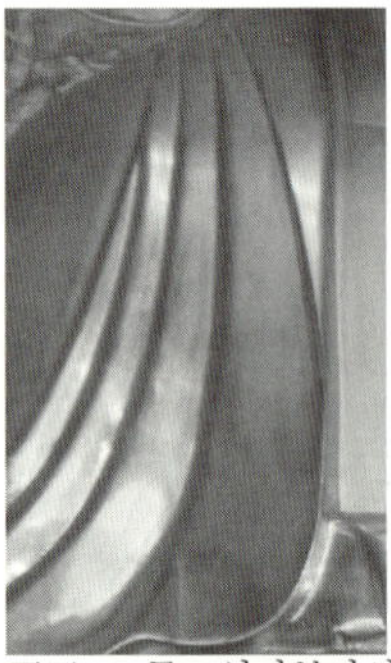

d. 夏天, <목조석가불좌상>
1727년, 대구 동화사

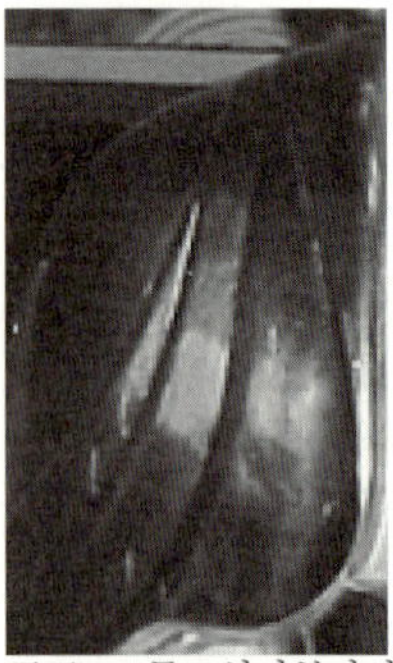

e. 夏天, <목조석가불좌상>
1730년, 창녕 포교원

얼굴과 신체의 비례가 적당한 편이다. 색난이 제작한 불상의 신체비례는 조선 후기 불상의 신체비례인 1:0.65~0.68 정도를 따르지만, 1693년에 구례 천은사 불상이 전체 높이와 무릎 너비가 1:0.79로 가장 수치가 크다.

色難이 제작한 불상은 1680년에 광주 덕림사 불상부터 1709년에 고흥 송광암 <목조보살좌상>까지 거의 동일한 인상과 착의법을 하고 있다. 예를 들어 불상은 대부분 각진 얼굴형에 눈두덩이의 두툼하여 편안한 印象이다. 오른쪽 어깨에 걸친 대의자락은 가슴까지 완만하게 펼

처져 있고, 그 뒤로 세 겹으로 접힌 주름이 段을 이루면서 끝부분이 U자형으로 처리되었다. 이와 같은 대의 형태는 雲惠가 1667년에 제작한 쌍봉사 불상과 유사하지만, 색난의 불상은 자연스러운 곡선으로 조각되었다.

하반신을 덮은 대의자락이 결가부좌한 양다리 밑으로 늘어지고, 왼쪽다리 복숭아 뼈부터 세 줄의 대의 주름이 규칙적으로 늘어져 있으며, 소매자락이 왼쪽 무릎을 완전히 덮어 蓮瓣形으로 처리되었다. 또한 色難이 제작한 불상은 대의 안쪽에 입은 僧脚崎를 가슴까지 올려 묶어 상단이 다섯 개의 仰蓮形으로 표현되어 있다. 그의 후배와 제자들도 색난이 제작한 불상양식을 그대로 답습하면서 점점 도식화 되어 불상의 미적 완성도는 떨어진다.

〈참고3〉 색난파가 제작한 불상의 하반신 대의처리

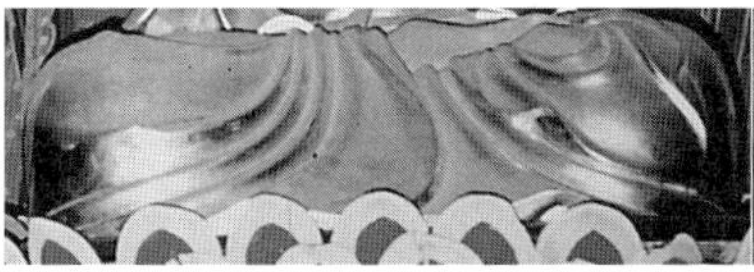

a. 色難, <목조지장보살좌상>
1680년, 광주 덕림사

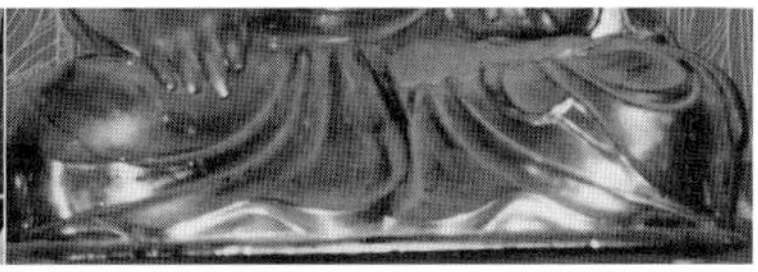

b. 色難, <목조석가불좌상>
1684년, 강진 옥련사

c. 色難, <목조아미타불좌상>
1694년, 화순 쌍봉사

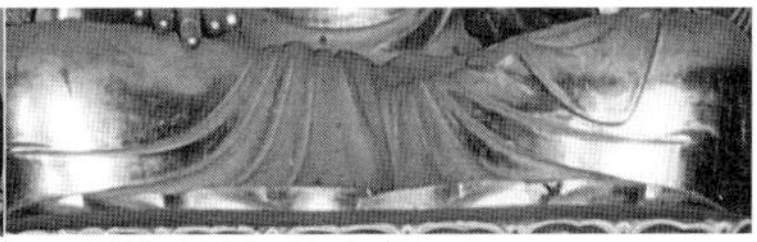

d. 色難, <목조석가불좌상>
1703년, 구례 화엄사

e. 色難, <목조보살좌상>
1709년, 고흥 송광암

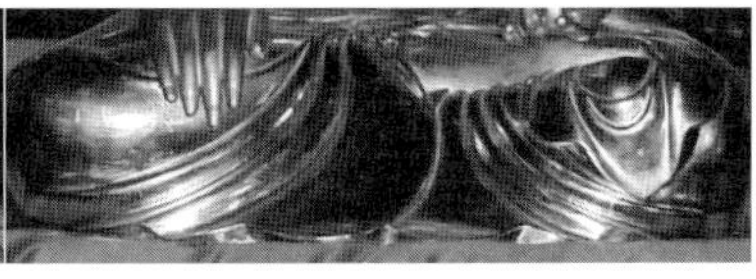

f. 夏天, <목조석가불좌상>
1730년, 창녕 관룡사(창녕 포교원 소장)

3. 色難의 계보에 속하는 조각승과 기년명 불상

色難과 같이 활동한 조각승은 40여명에 이르고, 색난과 불상을 제작한 조각승은 忠玉(冲玉, 沖玉), 楚卞(楚汴), 得牛(淂牛), 一機, 慕賢, 道軒, 行坦(幸坦), 秋鵬, 秋評(秋平), 得牛(淂牛) 등이다.

〈표2〉 색난의 계보에 속하는 조각승

이름	활동 내용	활동 연대
忠玉 冲玉 沖玉	1668년 전남 고흥 금탑사 목조아미타삼존불좌상 개금(首畵僧 天信) 1680년 전남 화순 영봉사 목조지장보살좌상과 시왕상 제작 (광주 덕림사 ; 首畵僧 色難) 1684년 전남 순천 송광사 불조전과 화엄전 불상 제작(首畵僧) 1690년 전남 곡성 도림사 목조지장삼존상과 시왕상 제작(首畵僧) 1699년 개인소장 목조불감 제작(首畵僧 色難) 1703년 전남 구례 화엄사 각황전 목조삼불·사보살상, 관음보살좌상 제작 (造多寶文殊像 曹溪山沙門, 首畵僧 色難)	1668 ~ 1703
楚卞 楚汴	1680년 전남 화순 영봉사 목조지장보살좌상과 시왕상 제작 (광주 덕림사, 首畵僧 色難) 1684년 전남 강진 정수사 목조석가여래좌상과 나한상 제작 (전남 강진 옥련사와 정수사 봉안, 首畵僧 色難) 1684년 전남 순천 송광사 불조전과 화엄전 불상 제작(首畵僧 忠玉) 1685년 전남 고흥 능가사 십육나한상 제작(首畵僧 色難) 1686년 전남 장흥 보림사 上輦, 願佛輦 새로 제작, 中下輦 중수 시 별좌로 참여 1690년 전남 곡성 도림사 목조지장삼존상과 시왕상 제작(首畵僧 忠玉) 1703년 전남 구례 화엄사 각황전 목조삼불·사보살상, 관음보살좌상 제작 (首畵僧 色難) 1706년 전남 영광 불갑사 팔상전 목조석가삼존불좌상과 나한상 제작(首畵僧)	1680 ~ 1706
得牛 淂牛	1680년 전남 화순 영봉사 목조지장보살좌상과 시왕상 제작 (광주 덕림사, 首畵僧 色難) 1683년 전남 고흥 능가사 아난·가섭존자 제작(首畵僧) 1685년 전남 고흥 능가사 십육나한상 제작(首畵僧 色難) 1689년 일본 쿄토 고려미술관 소장 목조삼존불감 제작(首畵僧 色難) 1689년 서울 한국불교미술박물관 목조지장삼존불감 제작(수화승 色難) 1693년 전남 구례 천은사 응진전 목조석가삼존상과 나한상 제작(首畵僧 色難) 1694년 전남 화순 쌍봉사 목조석가삼존불상과 목조아미타여래좌상 제작 (首畵僧 色難) 1695년 서울 염불암 목조보살좌상 제작(首畵僧)	1680 ~ 1694

一機	1698년 전남 해남 성도암 목조관음보살좌상 개금 (제주 관음사 봉안, 首畵僧 色難) 1699년 개인소장 목조불감 제작(首畵僧 色難) 1700년 전남 해남 성도암 나한상 조성 (미국 메트로폴리탄 미술관과 영암 축성암 소장, 首畵僧 色難) 1703년 전남 구례 화엄사 각황전 목조삼불·사보살상, 관음보살좌상 제작 (造彌陀像 稜伽山沙門, 首畵僧 色難) 1718년 경기 안성 칠장사 목조관음보살좌상 제작(首畵僧) 1720년 전남 순천 송광사 사천왕상 개채(首畵僧)	1698 ~ 1720
慕賢	1680년 전남 화순 영봉사 목조지장보살좌상과 시왕상 제작 (광주 덕림사, 首畵僧 色難) 1684년 전남 강진 정수사 목조석가불좌상과 나한상 제작 (전남 강진 옥련사와 정수사 봉안, 首畵僧 色難) 1685년 전남 고흥 능가사 십육나한상 제작(首畵僧 色難) 1694년 전남 화순 쌍봉사 목조석가삼존불상과 목조아미타여래좌상 제작 (首畵僧 色難) 1698년 전남 해남 성도암 목조관음보살좌상 개금(제주 관음사 ; 首畵僧 色難) 1700년 전남 해남 성도암 나한상 제작 (미국 메트로폴리탄 미술관과 영암 축성암, 首畵僧 色難)	1680 ~ 1700
道軒	1659년 전남 고흥 금탑사 지장보살좌상과 시왕상 개금(首畵僧 忠玉) 1680년 전남 화순 영봉사 목조지장보살좌상과 시왕상 제작 (광주 덕림사, 首畵僧 色難) 1684년 전남 강진 정수사 목조석가여래좌상과 나한상 제작 (전남 강진 옥련사와 정수사 봉안, 首畵僧 色難) 1685년 전남 고흥 능가사 십육나한상 제작(발원문, 고경 스님 제공)	1659 ~ 1685
行坦 幸坦	1684년 전남 강진 정수사 목조석가여래좌상과 나한상 제작 (전남 강진 옥련사와 정수사 봉안, 首畵僧 色難) 1685년 전남 고흥 능가사 십육나한상 제작(首畵僧 色難) 1693년 전남 구례 천은사 응진전 목조석가삼존상과 나한상 제작(首畵僧 色難) 1703년 전남 구례 화엄사 각황전 목조삼불·사보살상, 관음보살좌상 제작 (首畵僧 色難) 1720년 전남 순천 송광사 사천왕상 개채(首畵僧 一機)	1684 ~ 1720
秋鵬	1693년 전남 구례 천은사 응진전 목조석가삼존상과 나한상 제작(首畵僧 色難) 1694년 전남 화순 쌍봉사 목조석가삼존불상과 목조아미타여래좌상 제작 (首畵僧 色難) 1698년 전남 해남 성도암 목조관음보살좌상 개금(제주 관음사 ; 首畵僧 色難) 1700년 전남 해남 성도암 나한상 제작 (미국 메트로폴리탄 미술관과 영암 축성암, 首畵僧 色難) 1703년 전남 구례 화엄사 각황전 목조삼불·사보살상, 관음보살좌상 제작 (造觀音像, 首畵僧 色難) 1750년 전남 고흥 능가사 사적비 후면에 雪巖 秋鵬이 佛書 化主로 나옴	1693 ~ 1703

秋評 秋平	1693년 전남 구례 천은사 응진전 목조석가삼존상과 나한상 제작(首畵僧 色難) 1694년 전남 화순 쌍봉사 목조석가삼존불상과 목조아미타여래좌상 제작 (首畵僧 色難) 1698년 전남 해남 성도암 목조관음보살좌상 개금(제주 관음사, 首畵僧 色難) 1700년 전남 해남 성도암 나한상 제작 (미국 메트로폴리탄 미술관과 영암 축성암, 首畵僧 色難) 1703년 전남 구례 화엄사 각황전 목조삼불·사보살상, 관음보살좌상 제작 (造智績像, 首畵僧 色難)	1693 ~ 1703
夏天	1703년 전남 구례 화엄사 각황전 목조삼불·사보살상 중 석가와 관음보살 좌상 제작(수화승 色難) 1707년 전남 고흥 능가사 소조불상 제작(수화승 色難) 1709년 전남 고흥 금탑사 목조보살좌상 제작(고흥 송광암 봉안, 수화승 色難) 1720년 전남 순천 송광사 사천왕상 개채(수화승 一機) 1722년 전남 장흥 보림사 능인전 불상 삼존 개금(首畵僧) 1724년 전남 장흥 보림사 나한 중수(首畵僧) 1726년 전남 고흥 금탑사 목조보살좌상 제작(고흥 송광암 봉안, 首畵僧) 1727년 대구 동구 동화사 대웅전 목조삼세불좌상 제작(首畵僧) 1730년 경남 창녕 포교원 목조석가불좌상 제작(首畵僧) 1730년 전남 고흥 금탑사 극락보전 미타삼존 개금·중수(首畵僧)	1703 ~ 1730

위의 승려 가운데 首畵僧으로 불상 제작이나 개금을 주도한 조각승은 忠玉, 楚卞, 得牛, 一機, 夏天 등이다. 色難과 공동작업한 조각승을 중심으로 17세기 후반에서 18세기 전반까지 제작된 불상에 대한 접근이 가능하다.

色難과 같이 활동한 조각승 가운데 가장 이른 시기에 수화승으로 활동한 승려는 忠玉(-1668-1703-)이다. 충옥은 1666년에 고흥 금탑사 <목조아미타삼존불좌상>을 수화승으로 개금하고,[38] 1680년에 화순

38) 발원문을 조사한 송광사 성보박물관장 고경스님은 "발원문은 조사 후 불상에 다시 넣었고, 발원문 가운데 시주자가 다음에 忠玉, 畵員 天信, 法海 순으로 적혀 있으며, 시주자가 언급된 위치보다 안쪽에 忠玉과 法海가 동일한 위치에 적혀 있었다"고 말씀하셨다. 필자는 忠玉이 시주질의 안쪽에 언급되어 畵員으로 이해하였지만, 만약 忠玉이 시주질의 마지막에 걸린다면 불상의 개금에 주도적인 역할을 한 승려는 天信이다. 天信은 無染과 같이 1656년 완주 송광사 석가삼존불좌상과 나한상 제작 시에 참여했던 승려이다. 이러한 고찰을 통하여 조각승 色難派가 無染의 계보와 밀접한 관련이 있을 가능성도 있다.

영봉사 <지장보살좌상>(광주 덕림사 봉안)제작 시에 3번째 언급되어 불상 제작에 주도적인 역할을 하였다. 忠玉은 1684년에 色難이 강진 정수사 불상을 제작할 때, 首畵僧으로 순천 송광사 불조전과 화엄전 불상을 제작하였다.[39]

〈표3〉 조각승 색난의 계보에 관련 문헌기록

연도	지역	사찰	조성 내용	조각승	발원문과 봉안처
1668	전남 고흥	금탑사	목조아미타삼존불좌상 개금	畵員 忠玉 天信 法海	發願文
1684	전남 순천	송광사	불조전과 화엄전 불상 제작	畵員 冲玉 云益 楚汴 覺初 …	發願文
1690	전남 곡성	도림사	목조지장삼존상과 시왕상 제작	畵員 忠玉 靈善 楚卞 … 覺初 …	發願文
1695	전남 장흥	봉일암 수도암	목조보살좌상 제작	畵員 得牛 德熙	發願文 서울 염불사 봉안
1706	전남 영광	불갑사	목조석가삼존불좌상과 나한상 제작	畵員 楚卞 靈善 覺楚 釋俊 …	發願文
1718	경기 안성	칠장사	목조관음보살좌상 제작	良工 一機 善覺 善一 斗吳	發願文
1720	전남 순천	송광사	사천왕상 개채	畵員 一機 幸坦 碩俊 … 夏天 得察	事蹟記
1722	전남 장흥	보림사	三尊佛像, 금강신 중수 개금	重修金剛 畵員 夏天	事蹟記
1724	전남 장흥	보림사	나한 중수	畵員 夏天 弼英 得察 宗惠	事蹟記
1726	전남 고흥	금탑사	목조보살좌상 제작	良工 夏天 宗惠	發願文 고흥 송광암 봉안
1727	경북 대구	동화사	목조삼세불좌상 제작	梓匠 夏天 碩俊 淂察 … 宗惠 … 宏陟	
1730	경남 창녕	포교원	목조석가여래좌상 제작	首畵師 夏天 副畵師 淂察 成粲 宗慧	發願文
1730	전남 고흥	금탑사 극락보전	主佛彌陀三尊位 改金 重修	改塗金片手 夏天 德熙 宗惠 畵成片手 鵬眼 得察 最祐 智雲 永賢	改金發願文

39) 금탑사와 송광사 불조전 불상 발원문은 송광사 성보박물관장 고경 스님이 조사하였다.

〈도34〉 충옥, 〈석조비로자나불좌상〉, 1684년, 순천 송광사

〈도35〉 충옥, 〈목조지장보살좌상〉 1690년, 곡성 도림사

불조전과 화엄전에 봉안된 불상은 色難이 제작한 불상과 유사한 인상과 대의 표현을 하고 있지만, 신체에 비하여 얼굴을 크게 강조하여 비례감이 떨어진다(도34). 충옥은 1690년에 곡성 도림사 <목조지장보살좌상>과 시왕상을 제작하였는데(도35), 지장보살상은 큰 얼굴에 벌어진 어깨를 가져 둔중한 신체와 대의자락이 도식화되어 간략하게 표현되었다. 그리고 色難을 수화승으로 1699년에 개인소장 불상과 1703년에 구례 화엄사 각황전 불상 제작 시에 多寶如來와 文殊菩薩을 제작하였다. 그는 화엄사 각황전 불상에서 발견된 발원문에 曹溪寺 沙門으로 나와 있어 順天 松廣寺에 거주하였던 승려라는 사실을 알 수 있다.

득우(得牛, 淂牛 : -1680-1695-)는 1680년에 수화승 색난과 전남 광주 덕림사 <목조지장보살좌상>과 시왕상을, 1683년에 수화승으로 전남 고흥 능가사 아난·가섭존자를 제작하였다. 수화승 색난과 1685년에 전남 고흥 능가사 <십육나한상>을, 1689년에 일본 쿄토 고려미술관 소장 <목조삼존불감>과 서울 한국불교미술박물관 <목조지장삼존불

〈도36〉 득우, 〈목조보살좌상〉 1695년, 서울 염불암

〈도37〉 일기, 〈목조보살좌상〉 1718년, 안성 칠장사

감>을, 1693년에 전남 구례 천은사 응진전 <목조석가삼존상>과 <나한상>을, 1694년에 전남 화순 쌍봉사 <목조석가삼존불상>과 <목조아미타불좌상>을 만들었다. 최근 1695년에 수화승으로 서울 염불암 <목조보살좌상>을 제작하였음이 확인되었다(도36). 이 보살상은 1698년에 수화승 색난이 제작한 <목조불감>의 본존과 같이 대좌 밑까지 옷자락이 길게 늘어진 것이 특이하다.

一機(-1698-1720-)는 수화승 色難과 1698년에 전남 해남 성도암 목조관음보살좌상(제주 관음사 봉안) 개금하고, 1699년에 개인소장 <목조아미타불여래좌상>제작 시에 4명 가운데 맨 마지막에 언급되었다. 그러나 1700년에 영암 성도암에 제작한 <나한상> 발원문에는 慕賢보다 먼저 언급되어 色難의 제자보다 후배일 가능성이 있다. 1720년에 수화승으로 순천 송광사 <사천왕상> 改彩 때,[40] 정수사 불상 제작에 次工으

40) 『曹溪山松廣寺史庫』 第2目 片史 同五十九年庚子四月日四天王重修改彩(證明 以濟 持殿 致淨 化主 了眼 供養主 漢陟 獲軒 畵員 一機 幸坦 混平 碩俊 善覺 善日 夏天 得察 斗珍) 참조.

로 참여했던 行坦을 대신하여 首畵僧으로 작업하여 行坦보다 지위나 연령이 높았을 것으로 추정된다. 一機는 1703년에 구례 화엄사 각황전 불상 내에서 발견된 발원문에 阿彌陀佛을 주도적으로 제작한 승려로, 稜伽山 寺門으로 적혀 있어 扶安 邊山에 살았던 승려임을 알 수 있다. 그가 거주하던 전북 부안은 전남 장흥과 마찬가지로 고려후기 몽고가 일본을 침략하려고 선박을 제작한 지역으로 양질의 목재가 생산되어 조각승들이 작업하기에 좋은 자연조건을 갖추고 있다. 최근 1718년에 一機가 수화승으로 제작한 <목조관음보살좌상>이 조사되었다(도37).

楚卞(-1680-1706-)은 1684년에 수화승 色難과 강진 정수사 불상과 수화승 忠玉을 순천 송광사 불조전 불상을 제작하고, 1706년에 首畵僧으로 영광 불갑사 불상을 靈善, 覺楚, 釋俊, 定慧, 瑞行, 澄性, 致海, 寂勝, 澄海, 四祥과 제작하였다(도38).[41] 이들은 모두 色難이나 忠玉과 같이 활동한 조각승으로 색난파에 속하는 승려들이다.

〈도38〉 초변, 〈목조석가여래좌상〉
1706년, 영광 불갑사

夏天(-1703-1730-)은 1703년에 수화승 색난과 구례 화엄사 각황전 불상을 제작하고, 1720년에 수화승 一機와 순천 송광사 사천왕상을 개채하였다. 首畵僧으로 1722년에 장흥 보림사 능인전 삼존불상을 개금하고,[42] 1724년에 보림사 나한을 중수하였다. 수화승으

41) 『靈光 母岳山 佛甲寺－地表調査報告書』, 동국대학교 박물관·영광군, 2001, 166~168쪽에 일부 조각승의 이름이 빠져 있음은 발원문을 실견하면서 알게 되었다.

42) 고경 감수, 김희태·최인선·양기수 譯註, 앞의 책, 71쪽에 宗畵로 읽었으나, 원문에 宗惠로 적혀 있다.

로 1727년에 대구 동화사 대웅전 불상과(도39)[43] 1730년에 창녕 관룡사 불상을 제작하였다.[44]

〈도39〉 하천, 〈목조석가여래좌상〉
1727년, 대구 동화사

色難派에 속하는 忠玉, 得祐, 一機, 楚卞, 夏天이 제작한 불상은 色難이 제작한 불상의 신체비례를 따르고 있다. 불상은 오른쪽 어깨에 걸친 대의자락이 가슴까지 완만하게 펼쳐져 있고, 그 뒤로 세 겹으로 접힌 주름이 段을 이루면서 비스듬히 늘어져 있다.

하반신을 덮은 대의자락이 결가부좌한 양다리 밑으로 늘어져 완만한 곡선으로 펼쳐지고 그 뒤로 세 가닥의 옷 주름선이 규칙적으로 늘어져 있다. 소매자락은 왼쪽 무릎을 완전히 덮어 蓮瓣形으로 처리되어 色難과 그 계보 조각승이 제작한 불상

〈표4〉 색난과 그 계보 조각승의 관계도

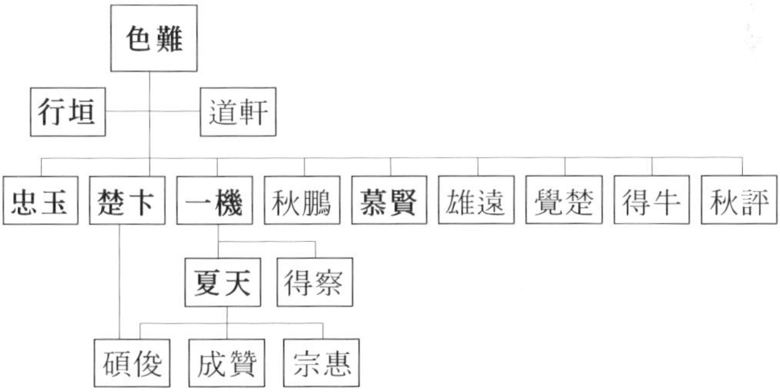

43) 김미경, 「八公山 桐華寺 木造三世佛坐像의 腹藏物 檢討」, 『불교미술사학』 3 (통도사성보박물관 불교미술사학회, 2005), 269~291쪽.

44) 김창균, 「거창·창녕 포교당 성보 조사기」, 『聖寶』 4(大韓佛敎曹溪宗 聖寶保存委員會, 2002) 171쪽.

〈도40〉 〈목조여래좌상〉, 17세기 후반
강진 백련사 응진전

에서 주로 보이는 특징이다. 大衣 안쪽에 입은 僧脚崎는 가슴까지 올려 묶어 僧脚崎 上段이 蓮瓣形을 이루고 있다. 이들이 만든 불상 양식은 18세기 중반까지 지속적으로 제작되지만, 시간이 지남에 따라 세부 표현이 생략되는 경향이 나타난다. 이와 같이 색난파에 속하는 조각승들은 17세기 후반부터 18세기 전반까지 불교조각을 주도적으로 이끌어간 세력이다.

이들은 주로 중소 사찰의 주전각이나 부속전각에 불상을 제작하였다. 색난과 그 계보 조각승에 의하여 제작된 추정되는 불상은 전남 강진 백련사 응진전 <목조여래좌상>(도40), 전남 구례 화엄사 원통전 목조관음보살좌상, 전남 해남 대흥사 대웅보전 <목조삼세불좌상>의 본존(도41),[45] 서울 봉원사 <목조지장보살좌상>(도42), 1702년에 전남 순천 선암사 불조전 53불상(도43),[46] 경남 합천 해인사 대적광전 <목조비로자나불좌상>, 전남 순천 선암사 원통전 <목조관음보살좌상>, 경남 고성 옥천사 나한전 <협시보살좌상>(도44), 밀양 표충사 대광전 <목조여래좌상>(도45), 전북 남원 실상사 <목조여래좌상>(도46), 인천 시립박물관 <목조보살좌상>(도47), 해남 미황사 응진전 <목조여래좌상>(도48) 등이다. 따라서 색난은 기존 연구에서 전라도를 중심으로 활동한

---

45) 이 삼세불좌상은 복장조사가 되지 않아 제작연대나 제작자를 명확하게 알 수 없지만, 본존과 좌우 협시불은 조각수법이 서로 다르다. 협시불은 대웅전 창건연대인 17세기 전반에 제작된 작품으로 보이고, 본존상은 이후 제작된 것으로 보인다.

46) 선암사 불조전에 봉안된 60불 가운데 4구는 새로 제작되었다. 나머지 불상은 『선암사사적기』에 1702년에 제작되었다고 적혀있다.

것으로 보았지만, 전국 사찰에 대한 체계적인 조사가 이루어지면서 남부 지역에 많은 사찰에 불상을 제작하였을 것으로 추정하게 되었다.

〈도41〉 〈목조삼세불좌상〉 본존
해남 대흥사

〈도42〉 〈목조지장보살좌상〉
서울 봉원사

〈도43〉 〈목조여래좌상〉. 1702년
순천 선암사 불조전

〈도44〉 〈목조보살좌상〉
고성 옥천사 나한전

〈도45〉 〈목조여래좌상〉
밀양 표충사 대광전

〈도46〉 〈목조여래좌상〉
남원 실상사

〈도47〉 〈목조보살좌상〉
인천시립박물관(『인천의 문화재』)

〈도48〉 〈목조여래좌상〉
해남 미황사 응진전

Ⅳ. 맺음말

이상으로 조선 후기, 17세기 후반부터 18세기 전반까지 조각승 중에 가장 큰 영향력을 행사한 색난과 그 계보에 대하여 살펴보았다. 아직까지 얻을 수 있는 자료의 한계로 색난의 生沒年代나 다른 조각승과의 교류관계 등은 밝힐 수 없었지만, 제작연대를 알 수 없는 조선 후기 불상 중에 색난파의 조각적 특징을 가진 17세기 후반에서 18세기 전반에 추정되는 불상을 살펴보았다.

발원문과 사적기 등을 중심으로 살펴본 色難은 1640년을 전후하여 출생하여 1670년경에 佛像製作의 수련기와 보조화승으로 거친 후, 수화승으로 1680년에 화순 영봉사 불상을 제작하였다. 그는 고흥 능가사, 강진 정수사, 구례 천은사, 화순 쌍봉사, 해남 성도암과 대흥사, 구례 화엄사, 영암 도갑사, 고흥 금탑사 등 전라도 지역에 많은 불상을 제작하였다. 뿐만 아니라 색난은 1698년에 고흥 능가사 범종, 1707년에『禪門拈頌說話』간행, 1711년에 고흥 능가사 기와, 1730년에 옥과 관음사 대은암 범종 제작에 시주자로 참여하여 사찰 운영에 경제적으로 많은 지원을 하였음을 알 수 있다. 색난파는 色難(-1680-1730-) → 忠玉(-1668-1703-), 楚卞(-1680-1706-), 一機(-1698-1720-) → 夏天(-1703-1730-), 碩俊(-1706-1727-), 宗惠(-1724-1730-)으로 이어졌다. 이 가운데 夏天은 1728년에 대구 동화사와 1730년에 창녕 관룡사에 불상을 제작하였고, 색난파가 제작한 것으로 추정되는 불상이 합천 해인사, 고성 옥천사, 밀양 표충사 등에 남아있어 색난과 그 계보 조각승의 활동범위가 경상도 지역까지 확대되었음을 알 수 있다. 색난은 고흥 능가사에 거주하였기에 조계산을 위주로 활동한 浮休門徒에 속하였음을 알 수 있다.

지금까지 한국불교조각사 연구에서 조선 후기 불상은 깊이 있는 연구가 이루어지지 않았다. 조선 후기 불상이 이상적인 조형미가 없어지고, 중국의 불교조각의 영향이 없어 다양한 불상양식과 변천이 적어 한국조각사에서 쇠퇴기로 단정하고 있지만, 이 시기는 한국불교조각사에서 가장 한국적인 불상을 제작한 시기로 새롭게 평가되어야 할 것이다.

능가사 관련 문헌기록

고경 엮음

* 이 문헌은 필자가 기존 문화재청 조사단에 제공한 자료로 일부 내용이 첨가되었다(『楞伽寺 大雄殿 - 實測調査報告書』, 문화재청, 2003, 60~83쪽).

능가사 관련 문헌기록 목록

番號	資　料	年度	內　容
1	楞伽寺事蹟碑	1750	吳遂采(撰), 地有70號(1998.9.22) 碑身 119×134.5×41.5cm
2	萬景庵重修記念碑	1918	碑身 119×54×12cm
3	康熙銘銅鐘銘文	1698	
4	大雄殿 釋迦牟尼佛像腹藏記Ⅰ	1675	韓紙 墨書, 44.2×265.5cm.
5	大雄殿 釋迦牟尼佛像腹藏造像記Ⅱ	1653	韓紙 墨書, 35.4×103.9cm 曹溪山 佛臺寺
6	大雄殿 釋迦牟尼佛像腹藏造像記Ⅲ	1639	韓紙 墨書, 21.8×107.7cm. 하동 쌍계사 불상 발원문과 동일
7	大雄殿 釋迦牟尼佛像腹藏眞言	1986	韓紙 墨書, 16.6×264.9cm 眞言은 梵文字 朱書
8	大雄殿 釋迦牟尼佛像腹藏記Ⅳ	未詳	韓紙 墨書, 35.2×9.2cm
9	大雄殿 釋迦牟尼佛像腹藏 妙法蓮華經 卷第七	1615 以前	木版本, 34.2×22.0cm, 59張
10	大雄殿 釋迦牟尼佛像腹藏 全身舍利寶齒眞言印本	未詳	韓紙印本(朱), 78.0×47.7cm 楞伽寺 開刊
11	大雄殿 釋迦牟尼佛像腹藏 神妙章句大陀羅尼(朱書)	未詳	韓紙 梵文字 朱書 25行 44.2×66.0cm
12	大雄殿 釋迦牟尼佛像腹藏 降魔眞言(朱書)	未詳	韓紙 梵文字 朱書 5行 45.8×28.3cm
13	大雄殿 암막새 기와 銘文	1711	陽刻
14	大雄殿 암막새 기와 銘文	未詳	陽刻, 左書「戊子三月」 (1708, 1768, 1828, 1888 中 하나)
15	應眞堂 암막새 기와 銘文	1724	陽刻, 1993年 補修工事
16	應眞堂 암막새 기와 銘文	未詳	陽刻, 1993年 補修工事
17	浮屠群	未詳	9基
18	돌확 銘文	1661	陰刻,「順治 辛丑」
19	天王門 上樑文 1-1	1666	上樑道里 墨書, 24×24.5×303cm
20	天王門 上樑文 1-2	1824	上樑道里 墨書, 위와 同一한 道理
21	天王門 上樑文 2	1936	上樑道里 墨書, 24×24×336cm

22	八影山 楞伽寺 羅漢法堂 重建 上樑文	1872	韓紙墨書 87×107㎝
23	楞伽寺 法堂 重修 上樑文	1872	韓紙墨書 63×134㎝
24	楞伽寺 應眞堂 上樑文	1872	韓紙墨書 97×44㎝
25	楞伽寺 應眞堂 上樑道里 下部 上樑文 封緘木 墨書	1872	韓紙墨書 38.0×10.5㎝ (上樑道里 329.0×30.5㎝)
26	楞伽寺 應眞堂 上樑文 封緘紙 墨書	1872	韓紙墨書 34.5×8.0(×2.8)㎝
27	楞伽寺 應眞堂 上樑文 再封緘紙 墨書	1872	크기 34.5×8.0㎝, 上樑文 1, 2 合封
28	東方持國天王 腹藏記		
29	法堂 帝釋幀 畵記	1730	金魚 萬亭, 118×87㎝
30	八嶺山地藏庵丹靑慕緣文	17C후	枕肱懸辯.「枕肱集」 卷下 『韓國佛敎全書』 8-357.
31	八嶺山楞伽寺大殿募緣文	17C후	枕肱懸辯.「枕肱集」 卷下 『韓國佛敎全書』 8-358.
32	湖南楞伽寺拈頌說話繡梓跋	17C후	月渚道安.「月渚堂大師集」 卷下 『韓國佛敎全書』 9-120.
33	楞伽寺始創前後檀越錄序	1712	慧玄. 1712.11. 『朝鮮寺刹史料』 上 303쪽.
34	八影山西佛庵重修記	1894	申箕善.『朝鮮寺刹史料』上, 300쪽
35	興陽郡八嶺山楞伽寺西佛菴記		錦溟寶鼎.『茶松文稿』 第二
36	憶大空石帆 時在楞伽寺住持任故		『茶松詩草』 第三
37	八影山楞伽寺八相殿勸緣疏	17C	栢庵性聰.『栢庵集』
38	題八影山楞伽寺		『雪巖禪師亂藁全』
39	八影山楞伽寺次興陽太守韻		『雪巖禪師亂藁全』
40	答楞伽寺請		『雪巖集』 二
41	答楞伽寺請書		『雪巖集』 二
42	贈安生員		『影海堂集』
43	影海大師行狀		『影海堂集』
44	萬景庵重修記		癸卯仲春申昶模記
45	禪門拈頌說話	1707	

1. 楞伽寺 事蹟碑

興陽八影山楞伽寺事蹟碑

十九	十八	十七	十六	十五	十四	十三	十二	十一	十	九	八	七	六	五	四	三	二	一	
崇	爰	卽	南	八	宮	名	德	欲	而	二	靈	弘	國	透	山			朝	1
	得	山	海	影	克	乎	之	求	新	十	區	我	革	明	於			鮮	2
	其	之	爲	之	壯	名	大	其	之	有	募	宗	有	走	國			國	3
	舊	陽	帶	山	用	猶	有	彷	百	奇	檀	風	不	千	之			全	4
禎					能	不	可	佛	用	而	緣	天	得	里	南	嘉	通	羅	5
	乃	狐	方	鎭	羽	可	以	而	咸	至	鳩	竺	詳	謁	高			道	6
	殿	虺	丈	我	翼	有	垂	不	備	有	材	之	及	余	興		政	興	7
	乃	遁	與	炎	我	又	萬	可	至	爲	工	南	我	文	治			陽	8
紀	宇	藏	大	徼		安	劫	得	于	七	大	有	壬	爲	之		大	縣	9
					邦	用	而	也	今	仞	聚	所	辰	記	東	善		八	10
	一	金	靈	扶	基	夫	不	則	爲	者	師	謂	火	至	而		夫	影	11
	復	珠	氣	輿	則	寺	至	又	盛	浮	衆	楞	于	六	傑			山	12
元	前	有	攸	磅	用	蹟	於	安	嗚	碧	而	伽	倭	七	然		弘	楞	13
	觀	爛	萃	礴	志	之	堙	知	呼	鱗	告	山	寇	返	臨			伽	14
					勤	記	滅	今	自	比	之	者	寺	而	大	大	文	寺	15
	天	崖	龍	在	而	不	不	日	我	流	曰	我	遂	益	海			事	16
後	人	壑	宮	羅	厥	記	稱	之	阿	丹	凡	東	廢	勤	者		館	蹟	17
	大	動	爰	之	績	耶	者	盛	度	霞	我	八	不	曰	曰			碑	18
	歡	色	始	世	茂	汝	其	不	以	絢	有	影	復	吾	八		副	銘	19
					此	從	不	復	來	瓌	徒	亦		寺	影	夫		幷	20
再	維	莫	有	誰	亦	我	在	爲	千	麗	凡	國	皇	作	盖		提	序	21
	主	曰	覺	其	可	而	我	狐	三	之	厥	之	明	於	與				22
	於	而	阿	作	書	求	歟	虺	百	觀	殿	南	崇	東	智		學		23
	寂	敎	度	之	也	之	我	鹿	年	冠	寮	也	禎	晋	異				24
庚					已	惑	用	豕	之	于	像	爾	甲	義	月	司	知		25
	護	壯	東	是	透	也	是	之	間	一	繪	其	申	熙	出				26
	我	玆	派	弘	明	我	爲	鄰	其	邦	曁	取	爰	十	相		製		27
	疆	功	之	法	貌	又	託	也	成	名	塔	象	有	三	雄				28
午	域	施	祖	力	古	從	願	吾	毁	之	劫	焉	正	季	長				29
					有	而	公	甚	盖	曰	廚	玄	玄	新	而	憲	敎		30
	鯨	臨	翼	浮	文	爲	有	悲	不	楞	庖	異	大	羅	其				31
	魚	壓	翼	空	辭	之	以	之	知	伽	以	之	師	訥	靈		兼		32
月	帖	滄	翬	萬	自	文	文	然	其	盖	及	謀	號	祇	蹟				33
	伏	溟	飛	柱	號	亦	之	廢	幾	取	鐘	於	碧	王	之		經		34
					松	豈	余	興	而	諸	魚	其	川	之	著	府			35
	二	是	甲	宏	岳	非	笑	命	皆	夢	之	師	者	三	聞		筵		36
日	師	曰	于	瓌	道	大	曰	也	湮	也	閣	碧	結	年	者				37
	並	佛	南	之	人	惑	明	不	滅	後	各	巖	夏	卽	尤				38
	躅	力	維	觀	云	歟	而	可	不	師	卒	遂	于	我	多		參		39
					銘	雖	家	以	傳	滅	乃	與	方	東	焉				40

41	立	惡	功	火	龍	曰	然	以	容	計	度	力	廣	丈	方	山	大	贊	
42		用	大	于	蛇		八	四	力	當	其	慢	熙	一	祖	之			
43		無	心	島	大		影	大	也	日	徒	則	師	日	師	南		官	
44		識	勤	夷	劫		之	爲	若	制	斂	有	往	夢	阿	舊			
45							爲	幻	吾	作	淨	大	觀	有	度	有		春	
46		永	載	大	福		名	至	師	之	義	業	焉	神	和	大	司		
47		詔	之	衆	地		嶽	以	之	宏	軒	大	得	僧	尙	伽		秋	
48		千	貞	同	乃		而	天	發	又	尙	衆	寺	告	所	藍			
49		祀	珉	悲	墟		鎭	地	神	必	機	咸	之	曰	經	號		館	
50							我	萬	夢	有	之	奔	古	丈	始	普			
51				乃	成		南	物	承	盛	流	走	址	夫	者	賢	憲	修	
52				發	壞		胙	爲	祖	於	追	用	於	生	去	普			
53				玄	有		又	泡	徽	今	師	命	山	不	今	賢		撰	
54				師	因		有	漚	大	而	遺	不	之	能	盖	者			
55							名	變	施	亦	旨	十	陽	爲	千	乃		官	
56				嵓	神		師	滅	願	卒	拓	年	於	佛	三	今			
57				公	有		迭	而	力	爲	門	功	是	亦	百	之	曹	吳	
58				相	夢		作	況	卒	狐	寮	告	稍	當	有	楞	命	遂	
59				之	授		後	於	復	卮	加	成	迤	爲	餘	伽	敎	采	
60							先	區	舊	鹿	丹	凡	以	大	季	也			
61							經	區	觀	豕	堊	爲	北	功	耳	山	書		
62							度	所	其	之	益	屋	卜	德	其	之	并		
63							靈	謂	功	隣	大	者	一	以	間	僧	篆	撰	
	十九	十八	十七	十六	十五	十四	十三	十二	十一	十	九	八	七	六	五	四	三	二	一

*이 碑의 建立年代는 1750年(英祖26)이다.

·『朝鮮金石總覽』에서 1690年으로 收錄하였고, 近來 이를 疑問視하는 見解가 많았음.

·『전통사찰총서6』(寺刹文化研究院, 1996, pp.111~121)은 1726年으로 推定. 碑文 撰者 吳遂采(1692~1759)와 書者 曹命敎(1687~1753), 陰記 施主秩의 戶曺判書 李廷濟(1670~1737)의 生存年代를 根據로, 「崇禎紀元後再庚午」의 「庚午」는 「丙午」의 誤記이고, 陰記 中 「我聖上卽位之己巳」의 「己巳」는 英祖卽位 「乙巳」의 誤記 斷定.

·2000年 3月부터 大雄殿 解體復元工事를 契機로 寺內資料를 調査 檢討하던 中, 最近 發刊된 『高興郡史』(2000.6.25)에 수록된 「歷代郡守(縣監)名單」과 對照하여 碑 建立年代를 1750年으로 確定. 碑 建立 當時의 縣監 朴良藎이 一致함. 『民族文化大百科辭典』에 의하면 碑文 撰者인 吳遂采(1692~1759)는 1735年에 增廣文科에 丙科로 及第하여 1748年에 副提學(碑文에도 弘文館副提學)이 됨. 碑文 書

者인 曹命敎(1687~1753)는 1719年에 增廣文科 丙科로 及第하여 1747年에 大司憲(碑文에도 司憲府 大司憲)이 됨. 施主者 戶曺判書 李廷濟(1670~1737)는 1700年에 春塘臺 文科 丙科로 及第하여 1728年 京畿道 觀察使·大司憲·刑曺判書·戶曺判書 歷任. 이 碑文의 性格은 碧川大師가 17世紀 중반에 始作하여 그 後 100年이 넘게 繼續된 重刱復元佛事의 綜合的인 史蹟이다. 따라서, 化主·施主·關與者들이 當時까지 生存해 있던 것은 아니다. 直接 碑文을 確認한 바「崇禎紀元後再庚午」는 正確하다. 卽, 崇禎年間(1628~1644)에 있는 庚午年(1630)은「崇禎 庚午(1630)」로, 以後의 庚午年은「崇禎紀元後庚午(1690)」와「崇禎紀元後再庚午(1750)」로 稱한 것이다. 1749年(己巳) 봄에 透明스님이 副提學 吳遂采의 文을 받아왔고 1750年(庚午)에 大司憲 曹命敎가 글을 썼으며 이 때 影海若坦(1668~1754) 스님이 陰記를 지어 비를 세운 것이 확실하다(住持는 竺善).

該當 興陽 縣監 名單					
碑文 陰記 中 縣監			高興郡史 中 縣監 任期		
Ⅲ面 十六11	前縣監	申 湜	下卷848쪽	132代	1699～1702
Ⅲ面 十七11	前縣監	洪 瑾	下卷847쪽	90代	1643～1646
Ⅲ面 十八11	前縣監	李從儉	下卷847쪽	92代	1646～1650
Ⅲ面 十九11	行縣監	朴良藎	下卷849쪽	164代	1749～1750

後面

卅一	卅	廿九	廿八	廿七	廿六	廿五	廿四	廿三	廿二	廿一	廿	十九	十八	十七	十六	十五	十四	十三	十二	十一	十	九	八	七	六	五	四	三	二	一	
																												聖			1
嘉						通	禦									通				崇			都		先	遂	之	上	我		2
善						政	侮									政				政			願	寺	生	以	福	即		碑	3
洪						大	將					通	通	通	通	大				大			堂	刱	高	明	基	位		陰	4
申						夫	軍					訓	訓	訓	訓	夫				夫			大	施	位	季	也	之			5
立					行	行	訓	前	前	前	前	大	大	大	大	前	水	水	水	行			施	主	名	鑱	然	己			6
					呂	蛇	鍊	蛇	蛇	蛇	蛇	夫	夫	夫	夫	咸	軍	軍	軍	戶	通		主	秩	士	諸	尚	巳			7
				前	島	渡	院	渡	渡	渡	渡	行	前	前	前	安	節	節	節	曺	政	宣	承		屈	貞	闕	秋			8
嘉	幼	幼	幼	叅	萬	僉	判	僉	僉	僉	僉	縣	縣	縣	縣	郡	度	度	度	判	大	傳	訓		體	珉	紀	僧			9
善	學	學	學	奉	戶	使	官	使	使	使	使	監	監	監	監	守	使	使	使	書	夫	官	郞		受	子	德	統			10
裵	丁	林	林	宋	宣	林	陳	尹	朴	朴	柳	朴	李	洪	申	宋	李	南	閔	李	金	安	安		教	其	之	雲			11
德					翊	枝	后	相	興	培	坦	良	從						應	廷	德	之	之		者	爲	貞	公			12
弘	烱	集	櫶	磐	邦	重	平	殷	元	元	然	藎	儉	瑾	湜	謙	暉	巘	騫	濟	大	亮	尹		數	石	石	與			13
																									十	背	恐	諸			14
								大	大	大	大	月	化	化	通	通	嘉	嘉	嘉	嘉	嘉	嘉	嘉		于	之	高	公			15
							前	禪	禪	禪	禪	庵	主	主	政	政	善	善	善	善	善	善	善		石	記	躅	會			16
乃	斗	寶	竺	竺	善	善	啣	師	師	師	師	化	寶	宥							韓	金	鄭		背	余	噎	余			17
清	和	兼	元	善	云	覺	秩	幹	透	慧	若	主	云	坦	一	學	登	敬	色	尙	俊	三	胥		之	辭	晦	曰			18
								琦	明	玄	坦	瓊			軒	湛	雲	琳	難	宗	成	萬	巖		左	不	后	今			19
												閑	萬	永											則	獲	之	之			20
嘉	嘉	嘉	通	嘉	嘉	通	嘉	通		大			景	興	規	乃	琳	一	軒	梵	化	化	大		碑	已	來	楞			21
善	善	善	政	善	善	政	善	政		施	碑	西	庵	寮	俊	清	暉	柱	別	日	主	主	雄		陰	索	者	伽			22
巨	雄	快	巨	端	巨	聖	翰	神	湛	主	銘	不	化	化		都	重	兩	座	王	尙	惠	殿		之	筆	蔑	即			23
稱	運	密	休	俊	元	察	摠	覺	敬	嘉	施	思	主	主	金	監	建	門	敏	像	機	英	化		記	書	得	古			24
										善	主	庵	信	梵	華	善	及	別	淨	化	別	別	主		非	之	而	之			25
斗	泗	建	夏	善	能	此	證	乃	能	寶	秩	化	熙	日	殿	云	新	座		主	座	座	廣		今	曰	聞	普			26
和	宗	明	旹	察	學	奇	淳	清	益	兼		主	一	重	化		冥	湛	大	天	梵	明	熙		刱	昔	今	賢			27
												梵	岑	建	主	錦	府	允	帝	日	日	印	圓		見	者	日	也			28
										前	幼	日	別	化	思	袈	殿	金	釋	別	後		日		故	太	吾	阿			29
通		嘉	通	嘉	嘉	嘉	嘉	嘉	幼	巡	學	羅	座	主	雋	裟	化	剛	幀	座	佛	八	別		我	史	儕	度			30
政		善	政	善	善	善	善	善	學	將		漢	信	自		青	主	神	及	勝	幀	相	座		本	公	寧	權			31
諸	金	金	姜	金					金	林	宋	重	湖	和	法	紗	贊	別	十	文	化	殿	宗		寺	既	免	輿			32
尙	錫	貴	北	淡	彩	建	竺	演	聖	象	東	建			雲	長	玄	座	王	改	主	化	濟		雲	爲	其	於			33
輝	載	善	實	味	羽	鵬	善	卞	胄	岬	觀	化	浮	觀	殿	衫	別	察	各	綵	震	主	佛		來	孔	責	山			34
												主	屠	風	化	化	座	英	貼	化	烱	柏	像		孫	子	乎	之			35
朝	璽	璽	喜	本	竺	此	愛	司	嘉	折		雪	殿	出	主	主	自		化	主	別	庵	化		巨	作	肆	陽			36
奉	玉	聖	天	明	欽	鵬	還	果	善	衝		玄	化	世	靈	海	裕	拈	主	永	座	性	主		擘	世	命	兵			37
大								金	郭	朴	金		主	兩	洽	寬		頌	融	閑	戒	聽	英		芳	家	聽	烽			38
夫	近	竺	彩	雷	獨	富	巨	麗	時	震	麗	東	宥	寮			天	說	淨	別	益	與	惠		啣	又	衍	火			39
黃	鵬	雷	眼	習	卞	贊	豁	河	康	昌	龜	不	澤	別	青	寺	王	話	別	座		敏	金		此	著	老	碧			40

卅一	卅	廿九	廿八	廿七	廿六	廿五	廿四	廿三	廿二	廿一	廿	十九	十八	十七	十六	十五	十四	十三	十二	十一	十	九	八	七	六	五	四	三	二	一	
潤												思	別	座	河	岱	門	板	座	斗	中	淨	化		石	七	幹	川			41
身	富	發	此	存	益	會	出	九	厚	最	斗	庵	座	三	堂	事	化	開	竺	演	下	佛	主		之	十	其	廣			42
	善	雲	仁	碩	淳	善	森	訓	迹	平	湖	化	通	學	化	有	主	刊	元		壇	像	信		始	子	事	熙			43
通												主	識		主	功	是	化		香	使	化	熙		終	之	通	起			44
政	陟	曰	好	近	永	大	守	遇	曉	富	出	行		明	儀	竺	閑	主	一	爐	五	主	天		一	事	政	廢			45
時	善	信	雄	學	贊	堅	英	英	岑	明	日	修	毘	月	衍	典	別	雪	柱	殿	路	太	日		一	編	覺	於			46
善													盧	送			座	巖	門	迎	幀	烱	一		備	於	管	山			47
										嘉	爲	妙	菴	月	文	屹	懷	秋	上	請	化	別	岑		書	列	錢	之			48
					劉	文	黃	崔	鄭	善	師	覺	瓶	兩	殊	影	益	鵬	藏	堂	主	座	新		于	傳	財	北			49
	永	見	覺	厚	次	起	以	世	應	竺	幻	庵	主	寮	殿	寮	王	別	經	化	惠	自	改		石	藏	僧	禪			50
	輝	摠	摠	益	葉	奉	清	三	和	色	行	化	碧	化	化	化	像	座	化	主	英	烱	金		背	之	統	剎			51
												主	川	主	主	主	化	坦	主	信		後	兼		之	名	公	移			52
		頓	策	貴	信	見	錦	率	閏	廣	頓	幸	正	良	普	宗	主	日	冠	悟	靈	佛	後		左	山	監	新			53
		覺	卞	還	明	眼	和	天	行	雲	察	哲	玄	運	雲	濟	天		海		山	八	佛		云	唐	其	前			54
												重					日	金	別	各	殿	相	幀		爾	之	役	後			55
爲									丁	劉	吳	建	圓	兜	普	元	冲	鐘	座	房	化	幀	化			學	戊	相			56
母										遇	達	聽	覺	率	賢	興	印	化	巨	畵	主	化	主			士	辰	應			57
厚									龍	良	才	衍	菴	殿	殿	寮		主	休	佛	宗	主	聽			梁	夏	猶			58
清													自	創	化	化	三	雙		幀	眼	信	演			肅	鞭	伯			59
		三	元	就	棲	三	寬	月	多	慶	南	地	備	主	主	主	葦	海	大	化	佛	益	別		影	作	石	仲			60
		補	首	淳	鳳	補	首	澄	率	尚	漢	藏	主	天	性	靈	化	重	樓	主	像	別	座	溟	海	左	于	之			61
		孟	僧	公	寺	孟	僧	公	寺	道	南	庵	宥	日	哲	洽	主	鑄	創	吳	後	座	湛	洲	沙	溪	嶺	塡			62
		敬	若	員	住	鵬	和	員	住	昆	壇	化	坦				智	別	主	廷	佛	雄	敬	金	門	湛	南	篪			63
			性	曉	持		日	妙	持	陽	寺	主		妙	語	能	雄	座	碧	柱	幀	習	錦	師	若	然	己	盖			64
	嘉											惠	證	寂	心	仁		順	川	鄭	化		卓	國	坦	禪	巳	是			65
二	善	公	監		堂							英	覺	堂	殿	殿	香	侃	正	世	主	應	衣	書	記	師	春	仁			66
百	住	員	典		司		書	持	三	首	本		庵	創	化	化	積	都	玄	喬	坦	眞	化			之	請	壽			67
大	持						記	寺	補	僧	師	歡	化	主	主	主	殿	監	別		海	堂	主			碑	松	之			68
衆	竺	斗	淑		泗		發	慕	證	策	三	喜	主	思	行	弘	化	前	座	掛	別	化	信			陰	岳	域			69
共	善	和	文		宗		雲	冠	岑	性	綱	閣	聽	雋	修	正	主	僧	天	佛	座	主	熙			又	道	吉			70
力												自	衍				信	統	儀	幀	萬	尚	新			書	人	祥			71
成				金					元			備		汰	養	僧	鑑	義	新	三	行	宗	備			受	得	之			72
功			厚	碩	建	偉	玉	萬	興	刊	緣	主	石	金	眞	堂	別	軒	建	藏		別	化			業	吳	壤			73
			平	才	云	淨	澄	淨	富	刻	化	勝	門	殿	堂	化	座		正	幀	十	座	主			身	學	足			74
都				京居					京居		秩	學	庵	瓶	化	主	雪	影	門	化	王	懷	雷			通	士	以			75
監	李							金	崔				自	主	主	明	淳	堂	別	主	殿	益	習		幼	者	所	龍			76
前	贊	致	弘	隱	率	難	弘	啓	尚	石			備	守	大	順		化	座	無	化	佛			學	三	撰	象			77
僧	周	輝	俊	修	天	軒	察	垕	雲	工	金		主	林	智		新	主	慈	用	主	像	各		金	十	事	之			78
統	別	化	書							匠治	起		勝			禪	影	守	旭	秀	信	十	法	璽	尚	有	蹟	淵			79
善	座	主	記						供	蘇	必		學	複	究	堂	堂	堅		演	贊	六	堂	訓	鉉	九	之	藪			80
云	神	聽	永		守	福	此	建	養	貴	舡			鍊	柏	化	別	別	解	與	別	羅	丹		受出	縉	碑	檀			81
	覺	衍	善		元	贊	天	初	主	同	運		水	堂	寮	主	座	座	脫	義	座	漢	青		碑文	紳	銘	那			82

2. 萬景庵重修記念碑

一 全羅南道高興郡占巖面八影山楞伽寺
二 八角有庵奧自羅麗僧念金佛往在庚子善男種緣戊申厄會
三 法侶所居歷年千餘鍾鳴木魚劫灰空墟重修復初靈光巋然
四 香卓烟歇僉議大同棟桷永安爲刻石面
五 蓮臺雨寒仍舊修玆溪山增輝昭示後來
六 過驛里出張所長久保又吉本郡守崔承七大本山順天郡松廣寺住持李雪月
七 施主秩 代書人片岡良平光州郡守金禎泰郡參事金鏞泰 本寺秩
八 通譯員金在瑞議官宋哲浩 申徹休住持朴錦晟
九 池光範議官徐和日著述人金相喜 金圓華

一 監役員愼寶潭
二
三 募集員孫順敏
四 林孝順
五 金泰允
六 金永玄
七 金東煥
八 信女朴雲娥
九 大正七年戊午一月日
十 立碑

* 大正七年戊午一月 : 1918年 1月(戊午年).
* 崔承七(Ⅰ面六13) : 高興郡守. 1912~1919.
* 金禎泰(Ⅰ面七12) : 光州郡守. 1918.7.까지

3. 康熙銘銅鐘 銘文(1698年, 肅宗24)

康熙三十七年戊寅三
月日興陽八影山楞伽寺
施主秩

通政 尚宗
通政 色難
清雨
楚和
柳時鳴
申益芳
金命龍
天日
惠近
戒湖
丁信說
丁時健
申世乞
黃 龍
田德立
方世金
崔必周
金萬錫
李實奉
姜義立
吳時達
金哲元
悟幻
金榮元
吳廷柱
申仲達
魯乭昧
李時天
郭有琓
太旹
碩堅
雷天
卓淳
俊益
天日
妙云
宗眼
自泗

守安
金時益
方世奎
崔必宇
金自鳴
明得
明時望
善良
朴信日
鄭莊卜
順化
嘉善敬林
自敏
性俊
高湛立
雄順
金仁龍
愛鳴
孫自鳴
愛尚
申益長
張必漢
朴益龍
趙德明
南日江
通政丁利立
郭明石
申哲碧
金梵日
金氏
各各施主與各各
化主等現增福
壽當生淨刹
開花

赧主先大師正玄
圓日
信熙
大禪師性聰
處信
性修
懶忍

工匠
折衝將軍金愛立
通政金禮發
通政金貴千
李昧南
姜玉善
助役幸坦
緣化秩
若和
贊云
黃龍
別座順侃

摠領都監道內僧統前行住
持通政義軒 登益
三綱 太泗
哲旹
住持道學
願以此功德
普及於一切
我等與衆生
皆共成佚道

破地獄眞言
唵迦囉帝野莎訶

主上三殿下壽萬歲

4. 大雄殿 釋迦牟尼佛像腹藏記 I

韓紙墨書, 44.2×265.5cm, 종서로 되어 있으나 횡서로 정리

□□奇被有淸云爾 時維
□□四年[1]歲舍龍集六月 日創主道淸公州錦江子 正玄行年七十有三[2]
病□侵梁月艱苦氣息淹淹兼症眩昏不堪衆請而記

▶	仝大施主	裵德弘	兩主
		李成業	兩主
	□□木大施主	張應宗	兩主
	供養大施主	李戒哲	兩主
	布施大施主	郭廷一	兩主
▶	供養大施主	郭天玉	兩主
	大施主	吳氏春月	兩主
	腹藏莊嚴錦紗	林星龍	兩主
	□□□氏丙申生保体	林㞢同	兩主
	腹藏莊嚴錦綾芙	林信龍	兩主
	蓉香施主安處胃	朴一元	兩主
	保体	金愛立	兩主
		金五生	單身
	供養施主	串氏達熙	兩主
		盧士京	兩主
		洪神三	兩主
▶		金善伊	兩主
		李命生	兩主
		鄭義哲	單身
	供養施主	李氏生花	兩主
		金汝龍	兩主
	鐵物大施主	夏霧雨	兩主
		思贊	比丘
		性哲	比丘
		安福	兩主
	鐵物大施主	許星敏	兩主
		趙天吉	兩主
	荷葉大施主	裵哲立	兩主
	眞粉大施主	裵時憲	兩主
	眞粉大施主	裵德龍	兩主
	荷葉大施主	裵命良	兩主
	布施大施主	印主現爲母氏‥	單身
	朱紅大施主	梁氏正月	兩主
	喉鈴桶大施主	南甲生	兩主
	腹藏袱施主	趙 日	兩主
▶	金魚秩	柳仁發	
	大禪師		
		雲慧	比丘

西邊監首	勝鈞	比丘
	敬琳	比丘
東邊監首	坦旭	比丘
	幸瓊	比丘
	道敏	比丘
	德彦	比丘
	妙謙	比丘
	處元	比丘
	文淨	比丘
	惠雲	比丘
	楚明	比丘
	敏哲	比丘
	靈運	比丘
	太浩	比丘
	有聲	比丘
	敏勛	比丘
▶	冶匠 崔繼商	兩主
緣化秩		
持殿兼證	大智	比丘
	得俊	比丘
供養主	敏淵	比丘
	海心	比丘
	雪輝	比丘
	釋堅	比丘
	一行	比丘
	助役 朴世伍	單身
別座	懷益	比丘
大功德主	冲印	比丘
	天日	比丘
寺院當色秩		
三綱尙璘		比丘
首僧印坦		比丘
持寺順規		比丘
佛糧持寺 梵日		比丘
直歲 明侃		比丘
方丈上室		
慧英		比丘
□持殿 法連		比丘
乙卯[3]六月十六日	腹藏	
	點眼	
	證明 正玄	

▶,◀ 표시는 종이를 이어 붙인 부분임.
▩ 표시는 훼손된 부분임.

1) □四年 : 康熙 14年, 1675년 乙卯, 肅宗 元年.
2) 正玄行年七十有三 : 碧川正玄스님의 生年이 1603年임을 알 수 있음.
3) 기존 보고서에는 己卯(1639년, 仁祖 17年)으로 보았지만, 등장하는 인물들의 활동시기를 비교해 보면 乙卯(1675년, 肅宗 1년)이다(최선일, 「전라남도 화순 쌍봉사 목조지장보살좌상과 조각승 운혜」, 『17세기 조각승과 불상 연구』, (재)한국연구원, 2009, 91-93쪽).

5. 大雄殿 釋迦牟尼佛像腹藏造像記 II

<韓紙墨書, 21.8×107.7cm, 종서로 되어 있으나 횡서로 정리>

時維　大明崇禎十一年己卯1)八月日造像
奉安于 [redacted]
　嚴愛福　比丘靈虛　女人春介
　金者斤同　朴莫世 灵駕 梁世津　比丘智彦
　金貞同　金乫福　比丘法連　李國　金安
　比丘正能　女人丹春　鄭氏卽伊　比丘敬學
　李山　朴沙同　鄭艮郞　比丘寶心
　孔巨公　李希　朴漢京　比丘雙玉
　淸益　義修　女人業介　池彦守　姜子俊
　金大孫　女人禮德　河進海　前郡守李滿天[2)]
　比丘省義　比丘學圭　冲印　道仁　學成
　戒勤　金元國　鄭明智　朴蘭梅　法藏
　印敬　執勞　德華　善寬　印軒　妙學
　能信　弘敏　應照　秀雄　法雨　法靈　末生
　匠人　比丘淸憲　勝一　法玄　英頤　賢侃
　應惠　希藏　尙安　學海　懶欽　靈湜
　持殿印堅　證師明心　與各各結願隨意施
　主及功德主學倫淸安等
願以此功德普及於一切我等與衆生皆共成
佛道發願已歸命
三寶

賜報恩闡敎圓照國一都大禪師都摠
　攝碧岩堂覺性[3)]
　通政大夫前江原摠攝眞一
　　　　　　持寺玉軒比丘

西紀一九七四年甲寅八月十日改金佛事
之時菩薩像「복장」內有함을 알기 爲했어
같이 봉안함
　　　住持 休菴 正天

　西紀二五二七年癸亥年[4)]九月
　十八日 새벽 一時경 도적이
　침범 부처님 복장을 뜯는
　중 당시 住持 比丘尼 法船尼
　발각 범인을 잡고 절취품
　일체를 회수한 바 다른 소장
　품은 없고 경전 및 다라니탁본
　수량이 나온 중 좀먹지 않
　는 몇권만 제봉하고 현대경전
　五권을 같이 봉안함
全南 高興郡 占岩面 聖基里 楞伽寺
住持 南法船　　佛紀二五二七.九月二四日

1) 崇禎十一年 己卯 : 崇禎 12年의 誤記. 1639年 己卯年. 仁祖 17年.
2) 前郡守 李滿天 : ?
3) 碧岩覺性 : 1575～1660.
4) 佛紀二五二七年 癸亥年 : 1983年.

▶,◀ 표시는 종이를 이어 붙인 부분임.
■ 표시 부분은 칼로 잘려진 곳임.
* 글씨체를 다르게 한 부분은 여백에 추가 기록한 것임.

6. 大雄殿 釋迦牟尼佛像腹藏造像記Ⅲ

<韓紙墨書, 35.4×103.9cm, 원본은 종서로 되지만 횡서로 정리>

順治十年[1]全南道[2] 興陽縣 曹溪山 佛臺寺[3]
願以此功德　普及於一切
樂[4]師佛
我等與衆生　皆供成佛道
主上殿下壽萬歲
王妃殿下壽齊年
世子齊[5]下壽千秋
佛像大施主 柳紅 兩主
佛像大施主 徐麥憐 兩主
佛像大施主 金愛峯 兩主
願佛大施主 柳氏 單身
願佛大施主 高天立 兩主
願佛大施主 金詑終 兩主
供養大施主 林春義 兩主
供養普蓮兼施主 於里介 單身
供養普蓮兼大施主 乭玉 單身
點眼大施主 權氏尹玉 單身
面金大施主 姜孝男 兩主
面金大施主 姜士繼 兩主
面金大施主 禮善 單身
烏金大施主 金圖致 兩主
泥金大施主 崔祥福 兩主
泥金大施主 崔末立 兩主
黃金大施主 金義男 兩主
黃金大施主 金莫男 兩主
座臺大施主 金應男 兩主
法華大施主 高天立 兩主
華嚴大施主 李一祿 兩主
華嚴大施主 李都損 兩主
燈燭大施主 玉禅 單身
開眼末醬兼大施主 金天得 兩主
淸蜜大施 申㖈男兩主
腹藏大施主 李山水 兩主
證明 禪澤 比丘
持殿 大智 比丘
畫員秩
熙藏比丘
性明比丘

老德雪浩比丘
老德智訔比丘
妙暎比丘
前辨事[6]性澄比丘
惠澄比丘
幸心比丘
明信比丘
三剛[7]處林比丘

寶海比丘
雙默比丘
覺元比丘
戒祐比丘
清眼比丘
別座上還比丘
供養主天益比丘
供養主守末比丘
供養主行者順伊
汝訓
道行比丘
大化士學禪比丘

---

1) 順治十年 : 1653年 癸巳年, 孝宗 4年.
2) 全南道 : 1896年에 全羅道에서 南·北道로 개편됨.
3) 曹溪山 佛臺寺 : 高興邑 登岩里에 曹溪山(472.5m)과 佛臺寺로 추정되는 寺址가 있음.
4) 樂 : 藥의 誤記.
5) 齊 : 邸의 誤記.
6) 辨事 : 判事의 誤記.
7) 三剛 : 三綱의 誤記.

7. 大雄殿 釋迦牟尼佛像 腹藏眞言

<韓紙 墨書, 眞言은 梵文字 朱書, 16.6×264.9cm,

종서로 되어 있으나 편의상 횡서로 정리>

一切如來全身舍利寶篋眞言
◎◎◎◎◎◎◎◎◎
五輪種子◎◎◎
◎◎◎◎◎
報身呪
◎◎◎◎◎
化身呪
◎◎◎◎◎
眞心種子
◎◎◎◎◎
七俱胝佛母心大准提陀羅尼
◎◎◎◎◎◎◎◎
文殊菩薩法印能消定業陀羅尼
◎◎◎◎◎◎◎
金剛波羅蜜菩薩眞言
◎◎◎◎◎◎
寶生波羅蜜菩薩眞言
◎◎◎◎◎◎
蓮華波羅蜜菩薩眞言
◎◎◎◎◎◎
羯摩波羅蜜菩薩眞言
◎◎◎◎◎◎
根本波羅蜜菩薩眞言
◎◎◎◎◎◎◎◎◎
◎◎◎◎◎◎◎◎◎◎◎
阿閦佛眞言◎◎
◎◎◎◎◎
寶生佛眞言
◎◎◎◎◎◎◎
無量壽佛眞言
◎◎◎◎◎◎
不空成就佛眞言
◎◎◎◎◎◎◎
毘盧遮那佛眞言
◎◎◎◎◎◎
東方焰曼怛迦大明王阿閦化身
眞言
◎◎◎◎◎◎◎◎
◎◎◎◎◎◎◎◎◎◎◎
南方鉢羅抳也怛迦大明王毘盧
化身眞言
◎◎◎◎◎

緣化秩
奉安于
全南 高興郡 占巖面 聖基
里
釋迦牟尼佛
八影山 楞伽寺 大雄殿
證明 廻光壹覺
禪德 無號超三

西方鉢納摩怛迦大明王寶生
化身眞言
◎◎◎◎◎
北方尾仡曩怛迦大明王阿彌陀化身
眞言
◎◎◎◎◎
東南方吒枳羅惹大明王不空
化身眞言
◎◎◎◎◎
西南方曩賀羅能拏大明王阿閦
化身眞言
◎◎◎◎◎◎◎◎
西北方摩訶摩羅大明王
阿閦化身眞言
◎◎◎◎◎◎◎
東北方阿左攞曩他大明王阿彌陀
化身眞言
◎◎◎◎◎◎◎◎◎
◎◎◎◎◎
下方縛羅 播多羅大明王

阿彌陀化身眞言
◎◎◎◎◎◎◎◎◎◎
◎◎◎◎◎◎◎◎◎
◎◎◎◎◎◎◎◎◎
◎◎◎
上方塢瑟灑作訖羅縛里帝大
明王阿閦化身眞言
◎◎◎◎◎◎◎◎◎◎
◎◎◎◎◎◎◎◎◎
◎◎
金剛手菩薩眞言
◎◎◎◎◎◎◎◎
中方本尊隨求眞言
◎◎◎◎◎◎◎◎
◎◎◎◎◎◎◎◎◎◎
◎◎
虛空菩薩眞言
◎◎◎◎◎◎◎◎
地藏菩薩眞言
◎◎◎◎◎◎◎◎◎
◎◎

慶南 晋州市 上鳳 西洞 一〇五九
-一八
乾命 庚辰生 金석호

慶南 晋州市 상봉서동一一〇三
-七
乾命 丁巳生 南道文

秉法 度然法興
立繩 慧掉尼
持殿 影潭尼
別座 大緻尼
院主 一乘尼
總務 玄旭尼
住持 法船尼
閒住 大圓尼
施主秩
釜山市 釜山鎭區 一六〇-八
창성종합상사
乾命 壬申生 金우석
坤命 丁丑生 柳地藏華
長子 乙巳生 金성혼
次子 庚戌生 金성준
女息 庚子生 金성美
女息 癸卯生 金賢姬

釜山市 釜山鎭區 연지동
▶ 三七六의 八
乾命 丁丑生 史상호
坤命 壬申生 柳唯美
長子 己酉生 史영환
次子 辛亥生 史욱환
女息 丙午生 史운영

서울特別市 東大門區 回基洞四二-七七
坤命 乙丑生 조영현

서울特別市 冠岳區 神林[1]一〇洞
三〇六-二五
乾命 壬午生 신광일

서울市 九老區 九老六同
極東아파-트 四棟二一一
乾命 己丑生 신성완

釜山市 東萊區 長箭洞二洞
五九四-八
乾命 己卯生 金증우

◀ 釜山市 東萊區 明倫洞 五五六-八
乾命 庚辰生 金덕술
長子 己酉生 金明洙

서울特別市 城東區 琴湖洞一一二四
淸信女 庚戌生 鄭萬行華
長子 庚辰生 신경철

全南 高興郡 東光面[2]
東光[3]國民學校 官舍
乾命 丙子生 金재현
長子 壬寅生 金우중

서울特別市 冠岳區 神林[4]二洞一〇七
一〇一
冠岳맨숀다동二〇二호
四統 六班
乾命 丙子生 姜기호
長子 辛酉生 姜민균

全南 高興郡 錦山面 의천리[5]
제일국민학교
乾命 乙丑生 정영섭

全南 高興郡 과역면 송학
乾命 己未生 金득봉

釜山市 東萊區 溫泉一洞
一八六-一二二
三五統 六班
乾命 壬子生 李哲敏

釋迦牟尼佛 改金

一九八六
佛紀 二五三〇年 丙寅年[6]
九月十六日 奉安

註 1) 神林 : 新林의 誤記.
2) 東光 : 東江의 誤記.
3) 東光 : 東江의 誤記.
4) 神林 : 新林의 誤記.
5) 의천리 : 五泉里의 誤記.
6) 佛紀二五三〇年丙寅年 : 1986年.
▶,◀표시는 종이를 이어 붙인 부분임.
◎표시는 朱書 梵文字.
*松廣寺 度然法興 스님의 글씨임.

8. 大雄殿 釋迦牟尼佛像 腹藏記IV

<韓紙 墨書, 35.2×9.2cm, 종서로 되어 있으나 횡서로 정리>

双樹有八枝而四枝榮其樹下說涅般経何故現示生滅中不生滅性也双樹者金
河邊有樹曰娑羅ㄷ四双八隻四方有双樹佛臨欲滅度時四双皆一枯一榮以示常無
無常樂無樂我無我淨不淨之四德言月生滅中不生滅者也
東方双者破等無事獲得等常乃至北方双者破等不淨而得等淨

9. 大雄殿 釋迦牟尼佛像 腹藏 妙法蓮華經卷第七(1册)*

四周單邊, 半郭 25.0×16.8cm, 無界(4,10,11,14,23,24,34,35,36,39,40,43-46,53-55,57,59 部分有界) 10行 18字, 下向黑魚尾, 板心題 妙法, 刊記 無, 59張, 册크기 34.2×22.0cm, 表紙 墨書 妙法華經七(共七), 5孔, 溫陵開元蓮寺比丘 戒環 解.

* 卷末 餘白에 墨書(縱書)

李退南 保体
萬曆四十三年 乙卯[1)]九月日印經大施主 金毛連 兩主
金侃連 慈訓比丘 梁彥眞 兩主
仁山兩主 者沙里

* 欄外 施主者 銘(괄호안 숫자는 張표시)

(2)金氏保体	(4)姜閏福兩主	(6)金江兩主	(8)金門丁金兩主	(10)何宗之兩主	(12)青德
(13)朴成兩主	(15)朴成兩主	(17)坦熙 敏澄	(18)李一年金龍	(19)朴今兩主	(21)朴氏毛多只
(23)朴熙祥保体	(26)李春孫	(27)金氏叔代靈駕	(29)李哲良兩主	(31)上岑比丘	(33)徐仲海
(34)徐漢倫	(35)朴必同兩主	(36)延白	(37)青德	(38)金石止	(39)金江兩主
(41)空敏	(42)惡丁	(43)李完金兩主	(45)吳氏今福兩主	(47)三會	(48)信玉
(49)無彔金	(50)徐加同	(53)趙永昌兩主	(56)朴黑文靈駕	(57)金氏莫今	(59)水卜春介

1) 萬曆四十三年乙卯 : 1615年, 光海君 7年.

10. 大雄殿 釋迦牟尼佛像 腹藏 全身舍利寶齒眞言印本

全身舍利寶齒眞言
◎◎◎◎◎◎◎◎◎◎◎◎ 秘密悉地
◎◎◎◎◎ 入悉地 ◎◎◎◎◎ 出悉地
◎◎◎◎◎ 白傘蓋陁羅尼 ◎◎◎◎◎◎
◎◎◎◎◎◎◎◎◎◎◎◎◎◎◎◎
文殊師利法印能消定業呪 ◎◎◎◎◎◎◎◎
眞心種子 ◎◎◎◎◎ 四方眞言 ◎◎◎◎
准提陁羅尼 ◎◎◎◎◎◎◎◎◎ 淨法界呪
◎◎ 護身眞言 ◎◎ 大輪眞言 ◎◎
六字大明眞言 ◎◎◎◎◎◎ 阿閦佛眞言
◎◎◎◎◎ 無量壽佛眞言 ◎◎◎◎◎◎
寶生佛眞言 ◎◎◎◎◎◎◎ 不空成就佛眞言
◎◎◎◎◎◎◎ 毘盧遮那佛眞言 ◎◎◎◎
大佛頂首楞嚴神呪 ◎◎◎◎◎◎◎◎◎◎◎
◎◎◎◎◎◎◎◎◎◎◎◎◎◎◎◎◎◎◎
◎◎◎◎◎◎ 佛頂心觀世音菩薩⿸尸老陁羅
尼 ◎◎◎◎◎◎◎◎◎◎◎◎◎◎◎◎◎◎◎
◎◎◎◎◎◎◎◎◎◎◎◎◎◎◎◎◎◎◎◎
◎◎◎◎◎◎◎◎◎◎◎◎◎◎◎◎◎◎◎
◎◎◎◎◎◎◎◎◎◎◎◎◎◎◎◎◎◎◎◎
◎◎◎◎◎◎◎◎◎◎◎◎◎◎◎◎◎◎◎
◎◎◎◎◎◎◎◎◎◎◎◎◎◎◎◎◎◎◎◎◎
◎◎◎◎◎◎◎◎◎ 八影山楞伽寺開刊

* ◎표시는 梵文字

* 韓紙 印本 (朱) 78.0×47.7cm 數十枚, 四周單邊, 全郭 22.7×41.4cm, 有界, 22行 21字, 八影山 楞伽寺 開刊.

11. 大雄殿 釋迦牟尼佛像 腹藏 神妙章句大陀羅尼(朱書)

韓紙 梵文字 朱書 25行 44.2×66.0cm

12. 大雄殿 釋迦牟尼佛像 腹藏 降魔眞言(朱書)

韓紙 梵文字 朱書 5行 45.8×28.3cm

13. 大雄殿 암막새 기와 銘文 (陽刻)

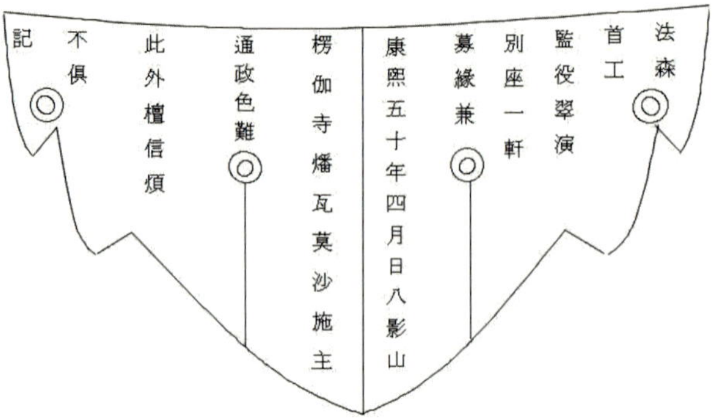

康熙五十年1)四月日八影山」

楞伽寺燔瓦莫沙施主」

通政色難」

此外檀信熉」

不俱」

記』

募緣兼」

別座一軒」

監役翠演」

首工」

法森』

1) 康熙五十年 : 1711年, 辛卯年, 肅宗37年.

* 2000.2.29 : 大雄殿 解體補修 工事時 確認.

* 1993年 應眞堂 補修工事時 收拾한 암막새 기와도 同一한 것이 있음. (1993. 12.30).

14. 大雄殿 암막새 기와 銘文 (陽刻, 左書)

「戊子[1]三月」

1) 戊子 : 1708, 1768, 1828, 1888 年 中에 該當됨.

15. 應眞堂 암막새 기와 銘文 (陽刻)

雍正」 二年 甲辰[1]」 三月日」 楞伽寺 瓦」 施主 翠演」
片手巨掤」 供養主 竺明」 都監 湛允」 別座 快色」
住持 坦日」 竺卞」 竺智』

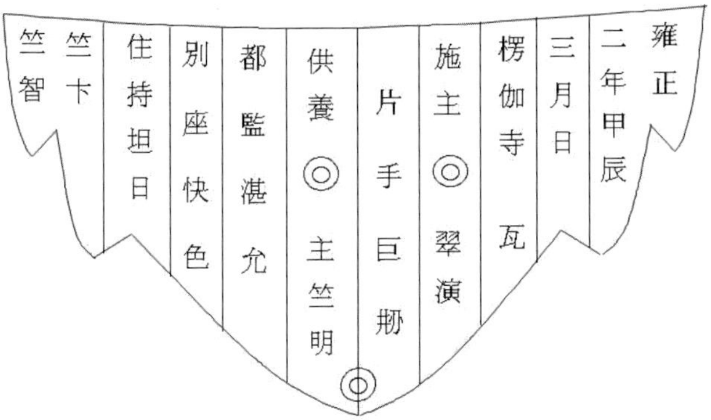

1) 雍正 二年 甲辰 : 1724年, 景宗 4年.
* 1993年 應眞堂 補修工事時 收拾한 암막새 기와임(1993.12.30).

16. 應眞堂 암막새 기와 銘文 (陽刻)

□」 龍□□」 布施 大施主 黃□」 龍 莫沙 大施主」 □个 舵今」 □□悉生敏半□」 □永□□日得主□」 □□□今□」 化□木孫□」 □□供□每」 □判」 事沄湛』

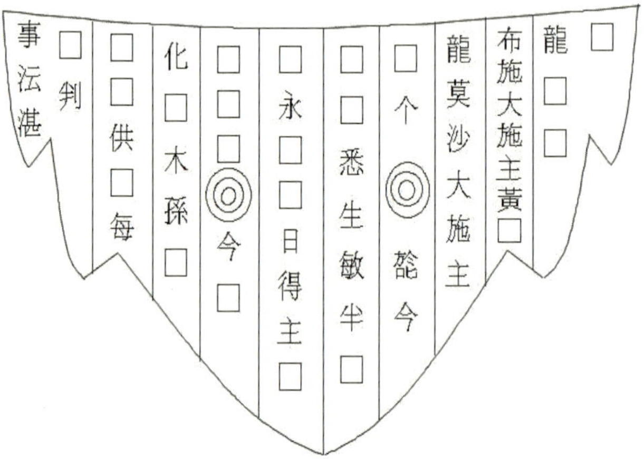

* 1993年 應眞堂 補修工事時 收拾한 암막새 기와임(1993.12.30).

17. 浮屠群

* 2004. 3. 30. 조사, 2004. 6. 24. 수정, 2008. 7. 13 수정

1) 配置略圖

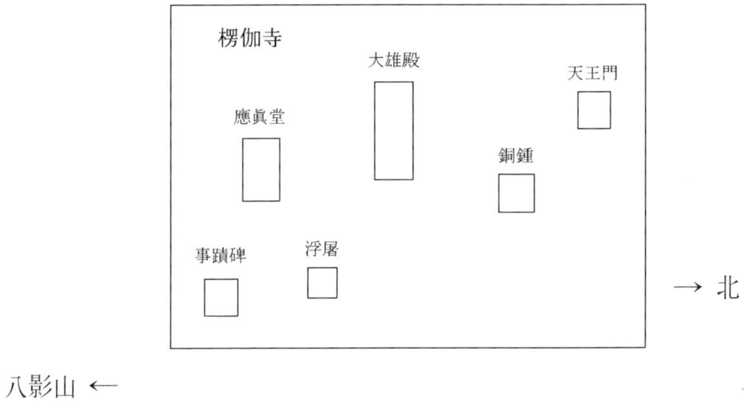

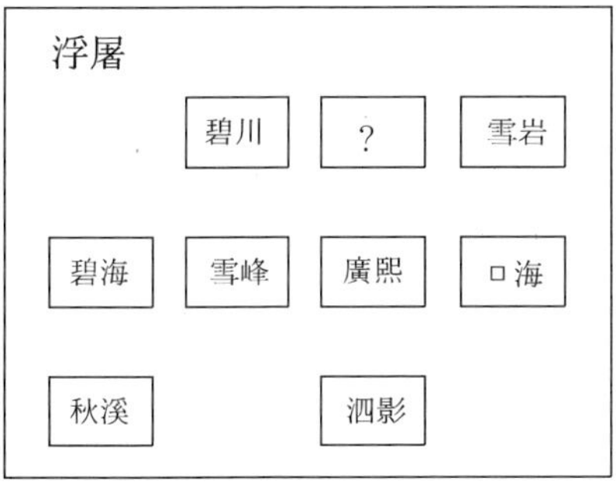

2) 現況

1) 秋溪堂과 泗影堂의 浮屠는 원래 위치로 추정되며, 위치상 秋溪堂이 上位로 판단됨.

2) 그 외 浮屠 전부는 未詳地에서 盜難防止를 위해 楞伽寺 境內로 移轉되었다가 近來 境外로 다시 移安 임의 배치된 것임.

3) 資料

①楞伽寺 事蹟碑 : 1750. 吳遂采 撰. 100餘 年間 重創 內容을 詳細히 記錄. 境內 現存.

②楞伽寺 康熙名 銅鍾 銘文 : 1698. 境內 現存.

③楞伽寺 大雄殿 釋迦牟尼佛像 腹藏記 : 1675. 2000年 大雄殿 重修 時 調査.

④楞伽寺 天王門 上樑道里 墨書 : 1666. 初創年度 記錄. 1995年 重修 時 調査.

⑤楞伽寺 四天王像 腹藏記 : 1667경. 1999年 殘存 腹藏 調査. 훼손되어 年代 확인 어려우나, 1666年의 天王門 上樑을 미루어 1667年頃으로 추정.

⑥楞伽寺 史料 : 1941. 1941年(昭和十六年辛巳) 당시 住持인 海隱裁善(1889~?)이 楞伽寺 史料를 모아 筆寫한 것임.

⑦海東佛祖源流 : 1978. 耕雲炯俊 編. 僧侶系譜集으로 9000餘名이 記錄되어 있으며, 간혹 誤字와 誤謬도 있음.

⑧楞伽寺 財産臺帳 : 1929.10.21.(昭和 4年) 松廣寺 所藏.

4) 浮屠

①碧川正玄 : 浮屠 銘文은 刱主碧川堂.「事蹟碑」에 記錄.

『史料』 中 「楞伽寺 爐殿 上樑文(1768)」에 '崇禎紀後 甲申(1644) 碧川大和尙 創佛宇僧寮三百之伽藍'으로 기록.

『楞伽寺 大雄殿 釋迦牟尼佛像 腹藏記(1675)』 내용 中 '正玄行年七十

有三'이라 기록되어 있어, 1675년에 73歲, 즉 1603年生임을 알 수 있음.
「新造成十六大阿羅漢(應眞堂)記(1685)」에 '大禪師創建功德主 正玄靈駕' 記錄이 있어, 1685年 이전에 入寂하였음이 확실함.
『海東佛祖源流』의 系譜에 의하면

浮休善修 – 碧巖覺性 – 碧川正玄
1543-1615 1575-1660 1603-1675<1685

②廣熙圓日 : 浮屠 銘文은 廣熙大師之塔「事蹟碑」陰記에 '大雄殿化主 廣熙圓日'.
『史料』中「楞伽寺 爐殿 上樑文(1768)」에 '崇禎紀後 甲申(1644) 廣熙大禪師造法身報身丈六之尊像'.
「新造成十六大阿羅漢(應眞堂)記(1685)」에 '大禪師創建功德主 圓日靈駕' 記錄이 있어, 1685年 이전에 入寂.
「楞伽寺 四天王像 腹藏記(1667頃)」에 기록되지 않은 것으로 보아 入寂年代를1667年 이전으로 축소할 수 있음.
系譜는 확인되지 않았으나 碧川正玄과 같이 松廣寺 重創主인 浮休善修의 門中으로 추정.

③泗影信熙 : 浮屠 銘文은 泗影堂.
『海東佛祖源流』에는 秋溪性安의 弟子로 囲影信熙가 있다. 囲는 泗의 誤記로 보인다. 특히 信熙는 碧川正玄·廣熙圓日과 함께 3大創主인 점과,『海東佛祖源流』系譜가 浮休善修 – 雷靜應默 – 秋溪性安 – 囲影信熙, 그리고 泗影堂의 上位에 해당하는 秋溪堂 부도 等 여러 가지가 일치하는 것으로 보아 泗影信熙가 확실시 된다.
「事蹟碑」陰記에 '金化主', '錦卓衣化主', '萬景庵化主'로 信熙가 기록되었고,「楞伽寺 四天王像 腹藏記(1667頃)」에 '大禪師信熙'기록이 있어 3大創主중 유일하게 이 때까지 生存함. 초기의 어려운 시기를 지나 가장 늦게 입적한 까닭에 스승인 秋溪堂과 함께 다른 創主인 碧川·廣

熙 浮屠보다 화려하게 조각된 것으로 사료됨.

「新造成十六大阿羅漢(應眞堂)記(1685)」 '大禪師創建功德主信熙靈駕'로 기록된 것으로 보아 1685年 以前에 入寂. 『海東佛祖源流』의 系譜도 修正이 필요.

④秋溪性安 : 浮屠 銘文은 秋溪堂. 앞의 泗影信熙의 內容과 중복되어 생략.

⑤雪峯景昕 : 浮屠 銘文은 雪峯堂. 『海東佛祖源流』 中 다수의 雪峯堂이 있으나 浮休善修 門中 가운데 雪峯景昕로 추정. 系譜는

浮休善修 – 碧巖覺性 – 慕雲震言 – 葆光圓敏 – 晦庵定慧 – 龍岩采晴 – 雪峯景昕

⑥碧海碩敏 : 浮屠 銘文은 碧海堂. 『海東佛祖源流』 中 다수의 碧海堂이 있으나 浮休善修 門中 가운데에서 雪峯景昕와도 가까운 碧海碩敏으로 추정. 系譜는

浮休善修 – 碧巖覺性 – 慕雲震言 – 葆光圓敏 – 晦庵定慧 ┐
┌ 龍岩采晴 – 雪峯景昕
└ 松岩脫遠 – 聾岩圓悟 – 靜岩聖寓 – 碧海碩敏

⑦影海若坦 : 浮屠 銘文은 □海堂. 松廣寺에 보관중인 楞伽寺 財產臺帳(1929.10.21. 昭和 4년) 石物部에 影海禪師塔이 記錄된 것으로 보아 影海塔이 확실함.

⑧雪岩喜沾 : 浮屠 銘文은 雪岩堂. 『史料』 기록중 1857~1881年까지 化主로 활동한 雪岩喜沾일 가능성이 가장 높다.

「萬景庵 事蹟記(1873)」에 의하면 法師인 琦(奇)城俊(準)如와 함께 萬景庵重修 時 化主, 1871年 琦城俊如가 入寂하자 계속 化主가 되어 萬景庵 喚仙樓 建立(1872).

「楞伽寺 大雄殿 重修 上樑文(1863)」의 化主秩에 奇城俊如, 碧梧舜英과 함께 雪岩喜沾 기록.

「西佛庵記(1892~1895, 茶松子)」에 1880年 重修 化主로 雪岩禪師 기록.

「西不思議庵 重創 上樑文(1881)」에 '幻海後雪岩喜沾謹書', '本寺 碧梧

舜英 化主雪岩喜沾' 기록.

「萬景庵 重修記(1903)」에 '碧梧之弟子雪岩'으로 기록. 따라서 雪岩喜沾은 幻海法璘의 俊裔이며 碧梧舜英의 弟子이다. 『海東佛祖源流』에는 幻海法璘이 幻松法璘으로, 碧梧舜英이 碧梧順英으로 誤記 되었고, 雪岩喜沾은 漏落되어 있어 修正補充 할 수 있게 됨. 系譜는

浮休善修 – 碧巖覺性 – 翠微守初 – 栢庵性聰 – 無用秀演 – 影海若坦 –
1543-1615 1575-1660 1590-1668 1631-1700 1651-1719 1668-1754

楓巖世察 – 默庵最訥 – 幻海法璘 – 龜巖鳳璉 – 碧梧舜英 – 雪岩喜沾
1688-1767 1717-1790 1749-1820

⑨逸名 : 浮屠 銘文이 훼손되어 판독불가. 松廣寺에 보관중인 楞伽寺 財産臺帳(1929.10.21. 昭和 4년) 石物部에 記錄된 浮屠는 9基로 碧巖, 廣熙, 碧川, 泗影, 秋溪, 碧海, 影海, 雪巖, 雪峰스님의 塔이다. 未確認 浮屠는 碧巖禪師 塔 뿐이다. 이 浮屠와 경내에 있는 浮屠 중 하나는 碧巖禪師 塔임이 確實하다.

* 楞伽寺 관련 松廣寺 僧.

栢庵性聰 : 1631~1700. 八相殿 創建(1696)

影海若坦 : 1668~1754. 得牛스님께 出家(1677), 事蹟碑 命建(1748→1750)

默庵最訥 : 1717~1790. 住錫(1759), 西不思議庵에서 100日 祈禱(1760)

幻海法璘 : 1749~1820. 翰聰스님께 出家(1764), 萬景庵에서 開講.
萬景庵 住錫(1818), 萬景庵에서 入寂(1820)

虛舟德眞 : 1815~1888. 住錫(1844이후)

錦溟寶鼎 : 1861~1930. 西佛庵에서 觀音祈禱(1892) 西佛庵 住錫(1895)

5) 略譜

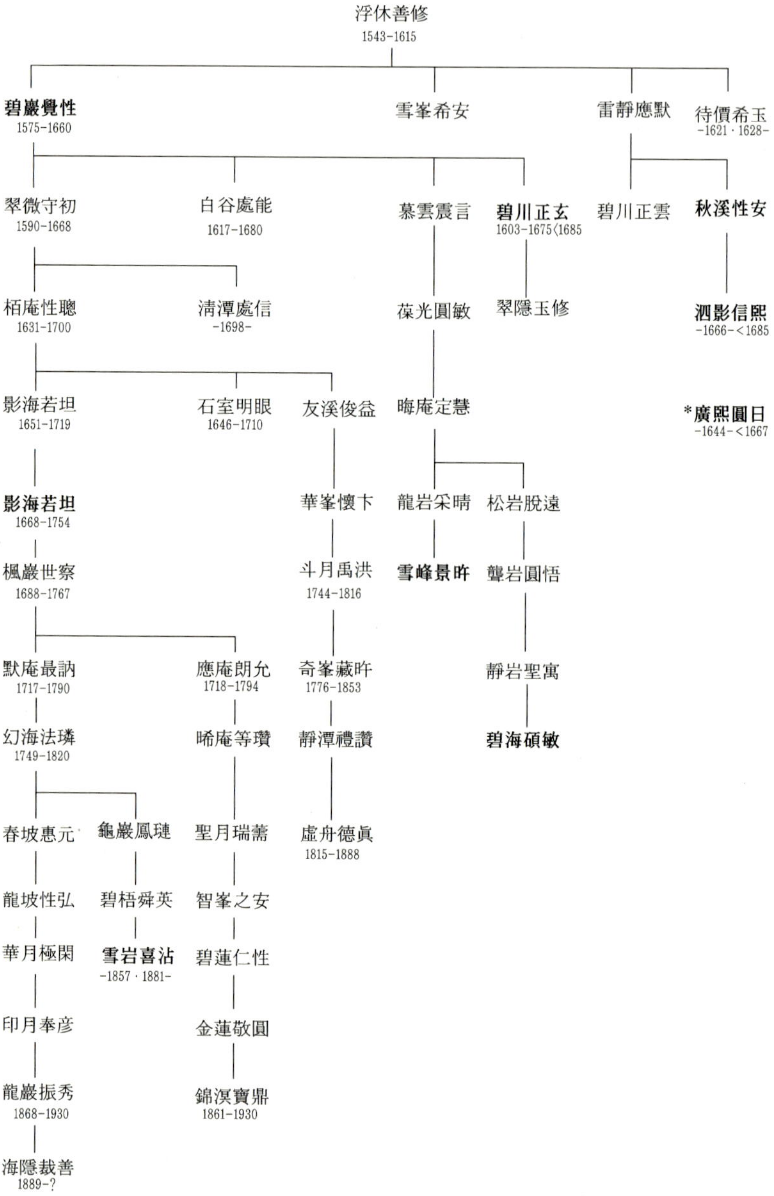
浮休善修
1543-1615
碧巖覺性
1575-1660
雪峯希安
雷靜應默
待價希玉
-1621・1628-
翠微守初
1590-1668
白谷處能
1617-1680
慕雲震言
碧川正玄
1603-1675〈1685
碧川正雲
秋溪性安
栢庵性聰
1631-1700
清潭處信
-1698-
葆光圓敏
翠隱玉修
泗影信熙
-1666-<1685
影海若坦
1651-1719
石室明眼
1646-1710
友溪俊益
晦庵定慧
*廣熙圓日
-1644-<1667
影海若坦
1668-1754
華峯懷卞
龍岩采晴
松岩脫遠
楓巖世察
1688-1767
斗月禹洪
1744-1816
雪峰景昨
聾岩圓悟
默庵最訥
1717-1790
應庵朗允
1718-1794
奇峯藏昨
1776-1853
靜岩聖寓
幻海法璘
1749-1820
晞庵等瓚
靜潭禮讚
碧海碩敏
春坡惠元
龜巖鳳璉
聖月瑞蕎
虛舟德眞
1815-1888
龍坡性弘
碧梧舜英
智峯之安
華月極閑
雪岩喜沾
-1857・1881-
碧蓮仁性
印月奉彦
金蓮敬圓
龍巖振秀
1868-1930
錦溟寶鼎
1861-1930
海隱栽善
1889-?

18. 돌확 銘文(陰刻)

順治」 辛丑[1]』

1) 順治 辛丑 : 順治18年, 1661年, 顯宗2年.
* 2000.2.29. 確認.

19. 天王門 上樑文 1-1

大淸康熙五年丙午[1]四月吉日初刱都監兼化主信讚

1) 顯宗 7년(1666)

20. 天王門 上樑文 1-2

大淸道光四年甲申[1]三月吉日重刱都監秋坡堂養初

1) 純祖 24년(1824)
* 1995년 8월 4일 墨書銘 上樑도리 2本 송광사 성보박물관으로 이운 보관

21. 天王門 上樑文 2

昭和十一年丙子[1]五月吉日三刱都監海隱堂裁善[2]

同苦錄
圓華堂　性眞

霽華堂　泰允[3)]
海隱堂　裁善
一庵堂　宗仙
滿谷堂　成洙[4)]
蓮皓堂　龍甲[5)]
春凝堂　夢吉[6)]
松潭堂　喆洙[7)]
時任秩
住持　海隱堂
監院　滿谷堂
別座　松潭堂

木手
金士鉉
高鳳來
鄭允明
李亨基
宋智浩
權性淑
宋連燮

供司　丁日秀
負木　黃正洙

本山 職員
住持　綺山堂[8)]
監務　龍隱堂[9)]
法務　藤谷堂[10)]
財務　春谷堂[11)]

伏願上樑之後寺運通泰

1) 1936년
2) 海隱裁善 : 1889년 10월 27일～? 浮休 15世. 金海金氏. 父 金良瑞 母 朴氏의 3男. 和順郡 南面 碧松里 171, 1907년 松廣寺에서 沙彌戒(恩師 龍岩 振秀), 1912년 具足戒(法師 龍岩 振秀), 1934년 維摩寺 住持, 1936년 楞伽寺 住持, 1945~1948년 松廣寺 住持
3) 霽華 泰允 : 1886년 7월 3일～? 金海金氏. 父 金道玄 母 方元卿.
寶城郡 筏橋邑 筏橋里 41, 1909년 松廣寺에서 沙彌戒(恩師 雪岩)
1914년 具足戒(法師 雪岩)
4) 滿谷 成洙 : 1899년 8월 11일～1939년 4월 22일. 浮休 13世. 全州李氏.父 李京元과 母 韓水同의 2男. 順天市 松光面 洛水里 60, 1925년 沙彌戒(恩師 桂庵 應寬), 1934년 具足戒(法師 圓峰 戒悟)
5) 蓮皓 龍甲 : 1904년 8월 5일～? 濟州 梁氏. 父 梁明彦과 母 金本心의 2男, 順天市 松光面 壯安里 1090, 1929년 松廣寺에서 沙彌戒(恩師 圓華)
6) 春凝 夢吉 : 1910년 3월 16일～? 珍原 朴氏. 父 朴並柱와 母 金景中의 2男 高興郡 占岩面 聖基里 370, 1928년 松廣寺에서 沙彌戒(恩師 楞峰)
7) 松潭 喆洙 : 1913년 6월 20일～? 浮休 13世. 光山 金氏. 父 金明集과 母 金雙今의 5男
順天市 松光面 梨邑里 1079. 滿谷 成洙의 師弟
1933년 松廣寺에서 沙彌戒(恩師 圓峰 戒悟)
1936년 具足戒(法師 圓峰 戒悟)
8) 綺山 錫珍 : 1892년 5월 19일～1968년 4월 15일. 浮休 13世. 羅州 林氏. 父 林憲圭와 母 金長安의 2男. 順天市 松光面 壯安里, 1905년 松廣寺에서 沙彌戒(恩師 印峯 昌律), 1912년 具足戒(法師 翠月 基順), 1919년 佛敎中央學林(東國大學校 전신) 卒業, 1932년~1945년 松廣寺 住持, 1951년 光州 淨光高等學校長, 1961년 東國大學校財團 理事長
저술 : 『松廣寺史庫』 4卷, 『松廣寺誌』 1卷, 『全南道誌』 1卷,
『金剛般若波羅密經 講義』 1卷, 『佛敎金言聖典』 1卷 등.
9) 龍隱 完燮 : 1899년 2월 26일~? 浮休 15世. 新安 朱氏. 父 朱鍾學과 母 朴氏의 2男, 順天市 樂安面 上松里 21, 1911년 松廣寺에서 沙彌戒(恩師 錦溟 寶鼎), 1912년 具足戒(法師 錦溟 寶鼎), 1923년 日本大學 宗敎哲學科 卒業, 泰安寺 住持, 『松廣寺史庫』 書寫
10) 藤谷 丙烈 :1905년 5월 3일~1959년 8월 18일. 浮休 14世. 達成 徐氏. 父 徐尙玉과 母 金基洞의 2男, 寶城郡 筏橋邑 洛城里 657, 1916년 松廣寺에서 沙彌戒(恩師 午性 仁全), 1930년 具足戒(法師 午性 仁全), 1931년 日本 京都 臨濟大

學 修了, 1938년 麗水 隱寂庵 住持.

11) 春谷 再榮 : 1900년 6월 9일~? 浮休 14世. 咸陽 朴氏. 父 朴柱護와 母 姜桂順의 2男, 順天市 松光面 梨邑里 1075, 1916년 松廣寺에서 沙彌戒(恩師 普芸 斗愼), 1925년 具足戒(法師 普芸 斗愼), 1928년 麗水 向日庵 住持, 1936년 谷城 天台庵 住持. 谷城郡 玉果面 觀音寺 圓通殿 柱聯(金敦熙 書; 1950년 한국전쟁으로 消失)을 模寫하여 松廣寺 觀音殿에 걸음.

22. 楞伽寺 羅漢法堂 重建 上樑文(1872. 4. 18)

* 2004. 4. 29. 應眞堂 補修時 調査

* 韓紙墨書 87×107㎝

八影山楞伽寺羅漢法堂重建上樑文

濿自鹿苑而鷲峰而鷺池而[1]東說西說三百會說人有菩薩也緣覺也聲聞也大乘小乘億萬衆乘鰈域本稱小華

處處金沙玉洞鴈塔多點福地片片花雨香雲豈若夫高興之東維八影之西麓前控三方之大海地接瀛洲後列八

峰之名山天隣玄圃此地方見天下第一名區何處人間更有壯觀勝地是以中設大雄高殿後起應眞數間丈六釋迦

如圓月之效皎二八羅漢若列星之輝輝時遊於蘿月松風雪眉覆眼而八定或登於層巖絶壁霞衲半肩而觀空琪樹

瓊枝春花灼灼金澗玉水秋月團團太史記而難言龍眠畵而莫狀然而泡花石電古往而今來刼雨藍風時移而物榎

梵宇傾側不見曩時之風光丹青汗漫那堪今日之景色爰有琦城宗匠插燭發願慨法宇之風雨炷香盟心濟衆生

於水火不招魯班而工匠自來斧彼鉅彼無假秦鞭而木石盡輸斲斯度斯松茂而[2]竹苞經營於心上翬飛而鳥革峽

帆於眼前[3]天護神衛佛法更長於河沙波劫錦嶂繡峰俗鹿不到於煙霞之世界衆賀悅目齊抃慶懷載陳燕賀

六偉之謠庸助虹樑百尺之擧詩曰抛樑指東玉削八峯遠在金色大士運風抛樑指南碧海如藍百城詢友五十三叅

抛樑指西九蓮如車若人欲去六字力提抛樑指北無夏之國國[4]中無憂唱太平曲抛樑指上日月晃晃[5]勿等閒看菩薩現

相抛指下佛坐座紫磨金容其光如火伏願上樑之後聖曆天長法運地厚山川無恙棟宇不騫

崇禎記[6]元後同治十一年壬申四月[7]日晝溪霜月[8]後人函溟太先[9]謹稿

大功德主琦城堂準如			
			尙欣
化主東華堂瑞秉			王順
			悟玄
別座	謹岑		善宗
			妙性
都監	瑞活		奇贊
			尙皓
金皷留陳	義冠		華仙
			壽弘
山中秩			奉順
			良彦
琦城堂準如			永煥
碧梧堂舜英			冠益
雪岩堂喜沾			奇英

	東華堂瑞兼		聚云	
	德庵堂理元		奉益	
	水山堂世彥		在坤	
	守寬		善一	壬申二月初三日[10]始役
	普日		處懽	四月十八日[11]上樑未時
			義岑	處訓
覺云	覺云		奇順	
三綱普日	謹岑	供養主有正		
義岑	道信	義彥		
	覺摠	都片手敬煥		
	應允	副片手奉文		
	應律	治匠嚴五文		
	大淳			
	弼桓			
	敬珉			
	景仁			

1) 鷺池而 : 삽입 부호 ㅇ 표시 후 기록.
2) 而 : 삽입 부호 ㅇ 표시 후 기록.
3) 眼前 : 原文은 前眼. 환치 부호 ‘ ’ 로 수정.
4) 國 : 原文은 ⺀.
5) 晃 : 原文은 ⺀.
6) 記 : 紀의 誤記.
7) 同治十一年壬申四月 : 1872. 4. 壬申年. 朝鮮 高宗 9. 同治는 淸 穆宗의 年號.
8) 霜月 : 霜月璽篈. 1687~1767. 順天 仙巖寺.
9) 函溟太先 : 1824~1902. 霜月璽篈의 第 8世. 系譜는

清虛休靜 - 鞭羊彥機 - 楓潭義諶 - 月渚道安 - 雪巖秋鵬 - 霜月璽篈 -
龍潭慥冠 - 圭巖朗成 - 瑞月巨鑑 -
會雲振桓 - 圓潭乃圓 - 豊谷德仁 - **函溟太先**

10) 壬申二月初三日 : 1872. 2. 3.
11) 四月十八日 : 1872. 4. 18.

23. 楞伽寺 法堂 重修 上樑文(1872. 4)

* 2004. 4. 29. 應眞堂 補修時 調查
* 韓紙墨書 63×134㎝

楞伽寺法堂重修上樑文

佛書傳中州始自漢明帝永平之際仙庵卜勝地古云唐太宗貞
觀之初玆仍舊貫洪規重修大雄瀌殿闢戶西南盡招千萬億身
之化列龕上下爰妥二十八祖之靈說偈拈香泣剃刀之禿髮摩珠
剗草聽世音之浮蹤肆於重新之基不無感古之歡厤籌盈
屋尙有桑海之遷藍風吹塵詎恃棟宇之久菌生桷欀多疑行
人之點指雨打圖像不勝居僧之齎嗟太顚堂留衣無處智仙
亭揭號莫傳何幸聖世宮闕新成之時又値玆州城樓改觀之
暇行率金皷呂大師之心力盡瘁坐運規模雪首座之意匠猶
恢豈徒闠闠經行而獨成實賴營邑施舍之普洽於是焉招會
都料不日而來助役夫木石叅差逈出兜率天極樂界基宇鞏
固包絡達摩海菩薩巒繩墨不頗攡倕指而臻巧泥墁無汚斲
郢斧而益精東巓山靈影帝盤而告訖西庵金佛倚漁船而
賀成非徒觀美於外貌只爲愛崇於中心壽千春萬歲祝吾
君之無疆法六道三途講爾經之有所所[1]以檀瀛海之名區更俾專
楞伽之美號玆將衆力助擧脩樑

兒郎偉抛樑東千年古寺奠無窮明明佛日扶桑出方丈蓬萊指願
中兒郎偉抛樑西天竺如臨咫尺階苦海慈航檀越處願君普濟衆
生儕兒郎偉抛樑南星老極躔月印潭土杵墁塗功告後諸僧新
薙翠如藍兒郎偉抛樑北倚斗詞臣恐負職合在諸天花雨中禪心
境內樂無極兒郎偉抛樑上營室煌煌[2]國運旺戶萬門千皆造
新以塗丹雘復宣朗兒郎偉抛樑下烟花鬱蓊接民舍慈悲清淨
修精神自有沙門五戒也伏願上樑之後
聖臨春臺屋比佛國山鬼水魑禁不祥於門戶盤龍錫虎逐諸害
於窓牀結社香卣誰是如滿之儔開笑廬溪吾亦遠公之友願受
黃金佛錫福敢殿白玉樓記文

歲壬申四月[3]　日知縣李德純[4]識

1) 所 : 原文은 ﾐ.
2) 煌 : 原文은 ﾐ.
3) 壬申四月 : 1872. 4. 壬申年. 朝鮮 高宗 9. 同治는 淸 穆宗의 年號.
4) 李德純 : 248代 縣監(興陽縣). 1868~1873. 武科 出身.<高興郡史, 下. p.850>

24. 楞伽寺 應眞堂 上樑文(1872. 4. 18)

* 2004. 4. 29. 應眞堂 補修時 調查
* 韓紙墨書 97×44㎝

同治拾壹年壬申四月拾捌日未時[1]上樑
都願堂大功德主前海南表忠祠戶惣攝琦城堂準如比丘
同共運心大功德主雪巖堂喜沾比丘
都木手順天松廣寺敬煥比丘
副木奉文

折木朴暢鉉

施主黃性盧

持殿竺元

1) 同治拾壹年壬申四月拾捌日未時 : 1872. 4. 18. 14:00. 壬申年. 朝鮮 高宗 9. 同治는 清 穆宗의 年號.

25. 楞伽寺 應眞堂 上樑道里 下部 上樑文 封緘木 墨書 (1872. 4. 18)

* 2004. 4. 29. 應眞堂 補修時 調査
* 韓紙墨書 38.0×10.5㎝ (上樑道里 329.0×30.5㎝)

(東) 謹封 (西)

26. 楞伽寺 應眞堂 上樑文 封緘紙 墨書(1872. 4. 18)

* 2004. 4. 29. 應眞堂 補修時 調査
* 韓紙墨書 34.5×8.0(×2.8)㎝

(東) 壬申四月八日未時[1]謹封 (西)

1) 壬申四月八日未時 : 1872. 4. 18. 14:00. 壬申年. 朝鮮 高宗 9. 同治는 清 穆宗의 年號.

27. 楞伽寺 應眞堂 上樑文 再封緘紙 墨書(1872. 4. 18)

* 2004. 4. 29. 應眞堂 補修時 調査

* 크기 34.5×8.0㎝
* 上樑文 22, 23 合封

(東) 同治拾壹年壬申四月拾捌日未峕[1)]上樑謹封 (西)

---

1) 同治拾壹年壬申四月拾捌日未峕 : 1872. 4. 18. 14:00. 壬申年. 朝鮮 高宗 9. 同治는 清 穆宗의 年號

28. 東方持國天王 腹藏記

(현 南方增長天王으로 표기 : 持物 칼)

1-1 (43×10㎝; 가로는 현존 크기)

東方持國天王腹藏記

□□□□□□□□□□□衆常隨圍繞不離左

□□□□□□□□□□□大願力忍□不梵□□□

(이하 유실되었음)

1-2 (21×535㎝)

□□□□□	守元 比丘	戒益 比丘
□□ □儁 比丘	智和 比丘	釋宗 比丘
老德 學俊 比丘	禪和 守鑑 比丘	沙彌 淸雨 比丘
老德 敏	性修 比丘	順侃 比丘
老德 大智 比丘	守安 比丘	震烱 比丘
老德 □閑 比丘	禪伯 德閑 比丘	順卞 比丘
□□ □應 比丘	禪伯 梵日 比丘	幸益 比丘
老德 應哲 比丘	宥坦 比丘	沙彌 楚和 比丘
禪德 信璨 比丘	禪伯 弘淨 比丘	禪和 義軒 比丘
禪德 勝學 比丘	廣行 比丘	太勳 比丘
□□ □儀 比丘	禪和 尙宗 比丘	太敬 比丘
禪德 宗濟 比丘	淸憲 比丘	釋初 比丘
性哲	禪伯 海明 比丘	沙彌
處悟 比丘	智明 比丘	六淳 比丘
禪德 慈運 比丘	僉知 良運 比丘	禪和 懷信 比丘
□衍 比丘	前金城判事信梅 比丘	方湜 比丘
覆海 比丘	禪伯 義海 比丘	禪定 比丘
禪德 慈忍 比丘	禪湜 比丘	釋能 比丘
雙慧 比丘	禪和 敏行 比丘	印洽 比丘

前金城判事文洽　比丘
僉知　宥文　比丘
禪伯　敬岑　比丘
懷玉　比丘
懷海　比丘
虛應　比丘
禪伯　宥閑　比丘
宥謙　比丘
敬琳　比丘
印天　比丘
禪伯　正元　比丘
宗眼　比丘
戒湖　比丘
善忍　比丘
冲信　比丘
義湘　比丘
太旹
太輝　比丘
玉心　比丘
禪　竺閑
和　尙寬
比丘
震楚
幸衍
比丘
允坦
允潭　比丘
信悅　比丘
雨悅　比丘
幸坦　比丘
通學　比丘
幸寬　比丘
幸禪　比丘
太極　比丘
自英　比丘
戒楫　比丘
釋梅　比丘
太機　比丘

山門秩

大禪師　信熙　比丘
老德　善和　比丘
老德　太澄
老德　智淨　比丘
老德　信湖　比丘
幸楫　比丘
太湜　比丘
淸卞　比丘
釋律　比丘
沙彌　通海　比丘
翠眉　比丘
楚密　比丘
雪學　比丘
太泂　比丘
通俊　比丘
六淨　比丘
沙彌　六澄
禪和　玄默　比丘
克連　比丘
省蘭　比丘
戒行　比丘
太密　比丘
楚雨　比丘
楚玭　比丘
太和　比丘
幸卞　比丘
禪伯　慧鑑　比丘
慧明　比丘
文克　比丘
法雷　比丘
玉瓊　比丘
懶學　比丘
禪和　戒璉　比丘
敏暹　比丘
翠曇　比丘
大岑　比丘
幸凜　比丘
信卞　比丘
淸鑑　比丘
信安　比丘
幸湜　比丘
信行　比丘
海習
比丘
通湜
雷默　比丘
六愼　比丘
禪益　比丘
老德　敏應　比丘
通衍　比丘
通俊　比丘
雷天　比丘
自裕　比丘
印尙　比丘
尙律　比丘
順安　比丘
沙彌
通玉
通敏　比丘
六文　比丘
尙淳　比丘
淸彥　比丘
印英　比丘
卓淳　比丘
太璉　比丘
自淸　比丘

本寺又記

守琳　比丘
唯一　比丘
太悅　比丘
沙彌　自湖　比丘
自卓　比丘
自蘭　比丘
自淳　比丘
自祐　比丘
沙彌　自裕　比丘
自平　比丘
性天　比丘
自琳　比丘
六行　比丘
翠雲　比丘
太遂　比丘
允祥　比丘
允琪　比丘
沙彌　自憲　比丘
自益　比丘
自敏　比丘
釋眼　比丘

	性澄 比丘	
禪伯 處信 比丘	洋一 比丘	
浩然 比丘	通善 比丘	
宥澤 比丘	震坦 比丘	
僉知金城判事 處岩 比丘	能玉 比丘	
克淳 比丘	尙圭 比丘	
戒獻 比丘	三惠 比丘	
靈信 比丘	衍淡 比丘	
順彥 比丘	雲什 比丘	
禪伯 慧規 比丘	僧寶 比丘	
印圭 比丘	順元 比丘	

* 1999년 8월 3일 능가사 사천왕상 복장 조사 후 송광사 성보박물관으로 이운. 도난으로 경전은 모두 유실되고 진언다라니 판본과 후령통 2개, 복장기(정리 내용 참조) 1축, 비단 1점이 확인되었다.

29. 楞伽寺 法堂 帝釋幀[1] 畵記

雍正八年庚戌七月[2]日興
陽八影山楞伽寺[3]法堂
帝釋幀　施主秩
各各施主結緣等願
以此功德普及於一切
當生極樂國皆共成
佛道
證師 處寬湛靜比丘
誦呪 護聽證修比丘
金魚 萬亨
供養主 斗文聽演
　　　建宇發雲
　　　此典存天
大禪師 慧玄比丘
　　　雄侃比丘
　　　俊文比丘

竺善比丘
監典 若和比丘
書記 證祐比丘
彩憲比丘
月機比丘
三綱
巨還比丘
住持 快俊比丘

....

別座 ……
酉元 ……
□□堂 …

---

1) 楞伽寺 法堂 帝釋幀 : 1997.11.25. 釜山光域市 沙下區 堂里洞 39-2. 觀音寺(住持 知玄)로부터 松廣寺 聖寶博物館으로 移運 收藏. 1999.11.13. 大田保健大 博物館科(정광용 교수)에서 本寺에 出張하여 赤外線 撮影裝備로 畵記 調査(이때 追加 確認된 글자는 위에 傍點 表示). 크기는 全體 118×87㎝ 畵面 108×87㎝이고, 畵記는 畵面 아래 向左側에 있음.
2) 雍正八年庚戌七月 : 1730年 7月(陽曆 8月14日~9月11日). 庚戌年. 朝鮮 英祖6年. 雍正은 淸나라 世宗의 年號.
3) 興陽 八影山 楞伽寺 : 全羅南道 高興郡 占岩面 聖基里 371-1 番地 所在. 大韓佛敎曹溪宗第21敎區本寺 松廣寺의 末寺.
* 점선 이하는 훼손 부분. 배접지에 남아 있는 추정글자(적외선 촬영).

30. 八嶺山地藏庵丹靑募緣文

(枕肱懸辯.「枕肱集卷下」,『韓國佛敎全書』8-357)

噫吁嚱 上德下衰君子之道 晦盲否塞 反覆沈痼已極矣 凡言君子者 或忠信而無禮文 或禮文而無忠信者 有未矣 非獨今

也 昔棘子成曰 君子質而已矣 何以文爲

子貢曰 惜乎夫子之說君子也 駟不及舌
文猶質也 質猶文也 虎豹之鞟 猶犬羊之
鞟也 詩曰 巧笑倩兮 美目盼兮 素以爲絢
兮 蓋言君子之禮 必以忠信爲質 而不可
相無也 夫豈獨君子之道爲然 凡物亦然
昔藏文仲 居蔡 山節藻梲 不務本而謟瀆
鬼神 當時以爲知 況無上法王梵殿 有質
無文而爲曉夕焚香祝聖之所乎 今夫新
構地藏菴也 殖殖其庭 有覺其楹 噦噦其

冥 宜乎大覺身之攸芋也 然而有質無文
比如爲山九仞 未克一簣也 而止 而不進
也 此亦一大所嗛曰 有山人 某名者 雖不
有祝鮀之佞 而宋朝之美矣 直而不枉 侗
悾而信愿者也 志欲丹雘 手持募卷 足踵
檀門 而夷告於誾誾君子 侃侃夫人 能無
說繹而改諸乎 古人云 豊狐文豹 何罪之
有哉 其皮爲之災也 今之金玉布帛 亦人
之一皮也 老子曰 飄風不崇朝 驟雨不終

日 天地尙不能久 而況於人乎 伏願哀浮
生之須臾 念珍財之爲皮 或金玉 或布帛
或麻縷 或絲絮 或五穀 或諸雜采 慭以與
之 裨之助之 使自得之 招其祁岳契丹之

俊流 而得以施手 塡其青紅以全丹雘之
功 則山以之增輝 水以之增光 抑亦所謂
巋然高閣 如矢如棘如翬斯飛矣 自此以
後 凡登臨者 魂飜眼倒 莫不融其神心焉
則其助人興也 不淺矣 非只此爾 佛之

▣身 嵬然煥然 郁郁乎千百年之後也 跡
▣推之 今之舍之施之裨之成之者 亦同
歸乎上善之地 上德之基 以合乎君子文
質彬彬之大道也 無疑矣 能如是則豈啻
獨善其身而已 能使天下後世之人 莫不
止於至善之地也 云胡不勉哉 祝曰 恩從
祥風 翱德與和 氣游雍容 垂拱闕永 億萬
斯秋

31. 八嶺山楞伽寺大殿募緣文

(枕肱懸辯.「枕肱集卷下」,『韓國佛教全書』8-358)

余徧閱東方山川 形勝雄偉壯麗 可爲寺
刹者 莫瀛洲楞伽若也 至若地勢寬厚 而
龍蹲虎踞 靈氣所鍾 統爲東方會撮者 又
莫過於楞伽若也 然而江山淸致 都屬野
人之家 而空然棄之 白足青衿 凡經過者
孰不惜之此吾東道詵之所未覩 而抑亦
大唐一行之所未囑也 比若掎摭星辰 而

遺棄義娥也 此亦行誅之一大所缺也 降
及季世 爰有道人等 數十餘指 相與議曰

安知夫行誅之未及 此地立寺 乃延囑於
吾等之手乎 又安知夫鬼神之祕慳 此地
不與 豈地運之不至乎 道德經曰 大器晩
成 大音希聲 固此地之不得宜其理也 曷
若爲可爲於可爲之時乎 唾手辦志 斬除
林叢 經始禪廬 先立法雲一殿 次建淸心
與屹靈兩寮 於是 山光水色 及諸百物 欣
欣然若有情於感遇也 然而中無大殿 無
以鎭之 又欲構大殿 財匱力乏 不可默矣

普告檀門 慭罄財穀 俾成大事 則其功厥
德 可勝道哉 古人以一竹枝建刹 一破笠
遮佛而驟登寶位 現承祖燈 因果報應 如
影之隨形 豈欺人哉 曾子曰 出乎爾者 反
乎爾者 伏請有志君子 五花斯文

32. 湖南楞迦寺拈頌說話繡梓跋

(月渚道安.「月渚堂大師集」卷下,『韓國佛教全書』9-120)

一代說三處傳 至於千七百則 古人喚作止啼錢換
眼糞 則諸佛祖 施設拈弄底差別筌罥 土苴耶 鑪錘
耶 所謂如筏喩者 深有以也 然則瞿曇氏駕鐵船 撒

敎網於三苦海中 古今作者 出隻手舞棹呈撓 一一
操藁 把拖我東之雲孫 比相喚相呼而重整綱 投其
網於黑風浪中 魚龍蝦蟹一羅而撈摝的 何其用意
之勤勞 至於若是之至也 今有雪巖子之南遊湖中
也 龜谷之一絡索 欲結紐於楞迦道傍而繡織焉 臘
促而未 其寺主 尙軒 若尙機 與慧玄大開士 能繼雪
志 而繕修功終焉 如非受羅籠於 瞿曇網中 則何
能若是 其山海 可傾渴而激濁揚淸 成九仞乎 如有
其視淵若陵 而弄潮底飜身一躍 則是可謂透網鱗
也 雖然畢竟以何爲食 待汝裂網出來 向汝道 咄 亦
漏逗也

33. 楞伽寺始創前後檀越錄序

(慧玄. 1712.11.『朝鮮寺刹史料』上, 303쪽)

湖之南有八影山山之奇秀甲吾東山有寺曰楞伽世傳碧川大師創始焉卽 崇禎後甲申歲也甲申去今壬辰六十有九年矣恢拓梵宇有侈遐邇之觀者豈非地靈境異自有佛力之冥佑而然也噫地因天作事乃人成當寺之始經營也有承訓郎安公之尹與金公加隱大首爲願堂祝釐之所捨施廛財作檀越赤幟接踵而繼武者指不勝屈今世檀越之歸嚮佛氏者波流風靡猶恐不逮則祇樹獨金之施豈專美於前哉我佛固主世人禍福世人之所以壽富安寧者安知非我佛所嚮致也佛之德如此檀越之力又如此此不可以無籍也遂摭其檀越名氏書之于左使其日日讃唄俾後有觀感焉

壬辰辜月日龍淵道人慧玄書

34. 八影山西佛庵重修記

(申箕善.『朝鮮寺刹史料』上, 300쪽)

東方山水之秀麗湖南爲最而湖南南沿諸邑山盡海環有縹緲淸淑之氣者莫如興陽郡號曰瀛洲瀛洲之山佳者以十數而其挺然特立儼爲一方之鎭者莫如八影山山有古寺曰楞伽寺有別庵其最高者曰西庵庵舊稱西不思議庵後改今名以庵在舊普賢寺之西而有佛浮海而來多著靈異之蹟也庵在八峯之南幾及山之腰而自下望之如在天上棧道通其險全石爲其址靈泉出其北茂林繞其前憑欄眺望則海天一色一望萬里衆山翔舞於東南諸島隱現於遠近蕭然數架之庵管領無盡之景城塵不到世緣都忘信靈區也庵之興廢與楞伽相先後沿革俱詳寺碑而

當宁庚辰上人雪巖又重修焉山高而南坼自秋至春常見老人星故頃年建小閣於庵之東爲

四聖祝千歲壽地之所重又下但爲登覽之勝而已也雪巖之徒性眞以庵舊無記求文於余余唯爲寺觀而作文字非儒者事然余之所記者名山之勝祝

聖之所也非徒記佛宇也若其敻寂淸絶可爲道人高僧修鍊之地有志者當知之而性眞之報基又近之然亦不欲索言也

甲午中元陽園居士申箕善書

題西佛庵

碧海連南極白雲擁上方飛棧通鳥道華表對魚梁畵閣星輝拱靈泉石氣凉氛埃盈下界何處訪仙鄕

35. 興陽郡八影山楞伽寺西佛菴記
(錦溟寶鼎.『茶松文稿』 第二)

國之南八百里 有縣曰高興 縣之東一由旬 有山曰八影 舊號八田 而同稱八影者 後魏跖

跋氏十三年 八峰照印於魏主 與器主異 而使之以物色 旁求天下 迺得于海上 因以

瑞錦繪 賜八影二字 遣使本國 刱創大伽藍 今稱楞伽是也 山之勝槪 能與智異月出爭雄 而其餘天藏地祕 神出鬼沒之狀 覽者自得 叵能盡擧也 峰之离麓有洞曰白雲 千岩競秀 萬像交光 濛濛靉靉 潔潔綿綿者 若夏天之雲故 土人之謂之白雲洞前有白雲寺

今有一山幕也非採藥所罕 到洞之臍 有庵曰西佛 懸崖作局 壬丙爲向背 四簷如城 非梯莫能攀 牛埋山之青龍 馬伏山之白虎 逶迤低伏 爭秀藏抱 碧落嵒底最可珍者 龍口銀泉 味甘光潔 眺而望也 隱几可摩者 瀛洲之漢挐 背而仰之 延頸可呼者 雲峰之方丈 蒼茫碧海 諸島之交錯者 彷彿乎一局棋 兩柱拳石 如烏頭許 突聳波心者 卽東海上朐界中秦東門是也 於此小可安心靜慮 能以化

仙作佛者 琉球太子 漂流還國 其儷不億相地者 謂雲中仙座者 於此不謬矣 創庵頗久 而未聞僧化于此 是皆爲西佛庵之大觀也 庵無文考 但取信樑文而已也

其略曰 東晉義熙十三年 卽新羅訥祇王三年 我東阿度之所創也 迄紀元後五辛酉唐太宗貞觀元年 山之釋

碩仁 矢心重葺 鵝殿崔嵬 一躬觀音 來自月支 有緣卽應 翼室幷明 十六聖像 作大福田 無願不遂 二鼠迭侵 四劫相尋 理固然矣 越光緖四年庚辰 住山老雪嵒

禪師 慷慨福地壞空 經之營之 雪梯而倕材架嶮 霜塗而玃堊粘新 剋日告訖 儼

若化成玉壁 含鴻溟之月 萬朶霜華 石竇吼松間之風 四時天樂 雖居鮮浮提海中 寧慙兜斯陀天上 噫 住斯庵供是佛者 若得觀音千手眼之一 攪長河爲醍醐 變大地作黃金 不亦易乎哉 余自曹溪 信宿于玆 求仙乎 採藥乎 庵主素有同鄕之分 齋餘茶初 語及本庵之終始 仍云 子盍以一言係三生於此乎 曰 師住是庵 吾有是言 豈非太過乎 曰 不然 孔聖之生於魯 因魯史作春秋者

何異是爲哉 余於是乎書爲誌

36. 憶大空石帆 時在楞伽寺住持任故

(『茶松詩草』 第三)

春日和風訪海流 抵今經夏又經秋 不識師翁因病臥 但歡自己放心遊 雪飛窮壑人無到 月倒空庭客上樓 燈深夜冷高支枕 夢想浮沈難往洲

37. 八影山楞伽寺八相殿勸緣疏

(栢庵性聰.『栢庵集』)

寂光淨土中法身 本自離名離相 娑婆燬宅內願力

卽能示滅示生 以爲三界九類 盡茄焚溺之悲 六道

群靈 共迫傷夷之患 便乃從天而下 乘象日而始托

於大術胎 卽地之中 作輪王而降誕於毘嵐苑 四門

遊覽 東宮厭老死而深悲 入夜逾城 中途返騎 從而

獨逝 抽刀而截綠髮 塔起天宮 脫衰而換染衣形參

仙衆 棲身雪嶺六載 但餟一麥一痲 入浴連河 二人

各將獻檠獻座 摧魔軍於樹下 十力已全 示寶藏於
宅中四心爰發 於是起菩提座上 詣鹿野苑中 三思
而五人先度 憍陳那悟四諦理創解標名 舍利弗得

一偈傳 四心契智洪鐘在簴 扣小大而隨鳴 明鏡忘
疲膺胡漢而不忒 慈雲遍覆 甘露普沾示二邊而卽
中 爲一事而成表 譬如布舟楫於溟壑 指彼岸而齊
登 懸日月於幽霄 無暗室而不燭 曁乎事作已辨功
成不居 將息化而歸眞 類盡薪而滅火 獅吼輟響 法
幢旣而傾摧 鶴樹潛神 衆生惡乎攀仰 大地河岳 俱
興痛苦之悲聲 八部人天 同現芬陀之血色 難燃寶
炬 出聖火而自焚 各捧金壜碎全身而遺蔭 斯敎不
墜 典刑猶存龍馬諸賢 佩菩薩印 競唱導於身毒什
澄群彥 轉法王輪 竝宣揚於支那像設煥乎丹靑 貝

葉翻於油素 贊皇圖而有永 續佛壽於無窮 加以金
刹連雲四遠曠而盈視 珠臺架迥 七衆望而爭投 法
鼓雷鳴 非動泗濱之石 薰爐消篆 遙輸海岸之香 萬
萬斯年 悠悠後劫 玆寺也 壺中別界 海上名區 雖載
創紺園而尙多餘地 先當起數層之傑閣 使日月廻
旋於棟樑 次復寫八相之靈儀 俾緇素依歸而瞻仰
惟我道俗俱興善念 深結良緣 架棟宇而翼如雲端
美輪奐而巋然物表 則現世及後生 介介成彼多寶
如來 不空福德 東塗又西抹 聲聲祝他無量壽佛 豈
敢辜恩

38. 題八影山楞迦寺
(『雪巖禪師亂藁全』)

海上楞迦寺 毫端佛國圖 雲衢山影八 洞府水聲孤
獸鼎龍香細 鷄園鹿草蕪 可憐知者少 錯認曰天都

39. 八影山楞迦寺次興陽太守韻
(『雪巖禪師亂藁全』)

萬壑松聲送晩潮 一般淸興正飄飄 已於世界離塵

網 怳若天台度石橋 枝鳥妬春嫌客散 巖花笑日向
人矯 靑山亦有擎天手 賴爾高才翊聖朝
幽偏景物盡淸新 正屬天涯放浪人 芳草馬嘶三月
暮 落花禽語萬山春 林深有寺藏神足 松老無枝露
鶴身 況是東風吹送雨 玉溪流水洗紅塵
花落淸香滿澗新 峽中應有避秦人 乾坤萬古無窮
興 松竹千秋不老春 名敎元來皆樂地 羽仙方是即
吾身 蒼苔白石尤多價 王母瑤池亦是塵
太守愛民兼下士 古今賢宰孰齊肩 治聲五十餘州
最 正氣江山百里專 淸白祗宜輸史筆 功名端合畫
凌烟 公餘半日乘春興 香火諸天結勝緣

使君豪興溢於潮 鐵篴寒聲月下飄 信馬徐行春草
路 尋僧閑度夕陽橋 紫髯醉客狂歌壯 皓齒佳人戱

語嬌 樂奏霓裳仍擊鼓 滿樓銀燭徹昏朝

40. 答楞迦寺請

(『雪巖集』 二)

玉札入手 石窓寓目 字帶霞誠 筆難珍謝 況楞迦以佛語心爲宗 無法爲門則爲宗師 而出入衆妙之門者 孰不向風馳神 然古人有言 楞迦迵拔雲霄影落香河 無神通菩薩 所不能到 則端宜養通 而且常隨者 以分衛尙未集法 歲亦未客活爲爲之爲 勢難獨斷觀機處決耳 餘不宣

41. 答楞迦寺請書

(『雪巖集』 二)

病吟中書再至 慰豁可道 伏謝無地且鍾元待扣 鏡豈爲罷 但到地傷臂苦吟如年 占瘳騰舄勢 似未易望 更除伻踵 休回寄餘不宣

42. 贈安生員

(『影海堂集』)

傾蓋元來契已深 百年今夕托知音 若非像外幽盟

結 安得雲邊古寺尋 落石驚湍寒玉碎 排空亂樹晩煙沈 誰期極海楞伽寺 半日閑論一寸心

43. 影海大師行狀
(『影海堂集』)

師高興粉川人也 諱若坦 字守呐 影海其號也 光山金氏 父通政大夫 達中生 母徐氏 父夢梵僧 因有娠康熙七年 顯宗九年戊申 十月 初一日 子時 誕生 身着胞胎 狀如袈裟 兒時豪逸不羈 八歲 入學 二三讀輒誦之 十歲 出家於楞伽寺 以得牛長老 爲恩師 十七歲 初見無用和尙不覺涕泣 嘉言善行唯恐不聞 十八 剃髮受戒 二十二 受讀經法 自此眞實心地 刻苦工夫 類輩莫及 二十八以後 益信萬法唯心之旨 或至癈寢參究 學者 歸心焉 三十七甲申 受鳳山之請

始入室於慈受庵 持滿應世 聲香遠播 衆不召而自至者 動以數百計 此師之所樹立也 十六 父亡 二十八 母沒 師皆盡哀居喪 盡禮終憂 至五十二己亥春在松寺 爲無用大師 設華嚴大會 八表問津者 數盈千指 戶外之屨爭滿矣 加之齋嚫雲堆 咸起難遭想其年夏滿 和尙 因以入寂 師自火浴層塚 竟以誠行喪 此師之效大節也 五十五 命工 畫五十三佛 癸卯移入普照之浮屠 次年 刊布無用之文集 至八十一

敎立楞伽寺事蹟碑 又回地軸而穿渠環水 此師之
幹世務也 六十一戊申 將學數百人 掛錫於方丈山

碧松庵 亂起蕭墻 民不安居 大師 告衆曰 食君土
之毛 而逢此世變 苟有力於扶國 吾何愛於籌策 勢
不可散 衆歸隱於古土 終見凱還 此師之憂國憂
也 以日庵灑然 爲麗澤之友 弟子數十 獨以楓岩 爲
傳鉢之嫡子 此師之育英也 庚午八十二 受門人楓
岩之請 作雜華場中 千人之長 猶如無用 應大師之
請 作大會之主 此師之終濟衆也 八十七歲甲戌 正
月 初二日 暫得微恙 至三日 子時 沐浴更衣 告衆畢
朗吟一偈曰 凝圓一相誰能嗄 闊步乾坤露裸裸 踏
着自家不壞珍 獨尊獨貴唯稱我 阿呵呵 是什摩 淨

灑灑 沒可把 端坐以逝 闍維於香爐峰下 十道放光
一片超骨 遠近見聞 莫不加敬 塔于二處 楞伽及松
社 此師之歸圓寂也 師嘗於西不思議庵 立限祈禱
夢觀音菩薩 授天桃大如拳者 三枚 一顆 自啗 二顆
欲奉慈親 藏諸懷中 是豈非壽幾九十之明驗歟 言
其該博 則內外諸書 無不貫串 陰陽數學 悉亦兼通
也 言其操修 則聞鐘必起 雖病不易 法服加身 雖困
不靠也 供佛則虔恭精切也 臨衆則簡默莊重也 以
禮法自持也 以道德御物也 故感神明 則八部森羅
也 念呪力 則五部昭彰也 開三密之祕印 闡五敎之

顯訣 大師之前 吾未聞有此也 氣宇雄懿 爪牙猛利

四來負笈者 被師一問 若崩厥角 凡答一義 如決河流 眞法海之領袖 禪門之眼目也 公卿外護者 不一而豊原君 趙相國 爲晩節忘形交 文集 三卷 草未入刻 嘻 最吶早有聞於楓岩法師 亦得侍於最後巾瓶則墻仞之高 雖未盡其薀奧 咳欬法乳 沿流討源 仰沾時雨之化 得坐春風之室 拓其一二緖餘 抆淚謹記 法孫 默庵最吶 謹識

44. 萬景庵重修記 癸卯仲春申昶模記

曩余年十七八爲功令學讀書八影山萬景庵菴有世宿曰碧梧梧之弟子曰雪巖儀觀炯然頗解文字通禪旨而待余厚也每經餘香爐訪余書室中縱譚及山中故事曰玆山讓高於瑞石輸奇於月出而雄渾傑特較長三十里所以著稱於圖誌而其八峯如鴈行如魚貫拔立雲中各呈奇態一曰儒影二曰聖主三曰笙簧四曰獅子五曰五老六曰頭流七曰七星八曰積翠影之爲言一云金鶴唱曉紅旭騰海則八峯到落滄波中如印板然故名之一云昔元魏太和年間峯影遠照於魏主頮盥軆訪得之肇錫嘉名此皆影子語也然魏盥照影金神現化吾佛者也從之可乎伽藍始於新羅訥祇王元年而爲西京名僧阿度和尙之所卓錫是卽今之萬景菴而古云普賢庵者也安養龍門兩寺爲今楞伽若圓覺寮浮屠殿此皆碧川師之所經紀於　皇明崇禎甲申者而萬景亦經四次改修迨夫清朝咸豐丁巳先師綺城堂更新之未知幾百年後繼有重修者否余默而聽之乃曰東方無禪學其自謂得道者類不過粉飾堂獄禍福之說鋪張人天變幻之術誑誘愚衷丐得捨施而己耳是以經生學士舉稱之子所言者無乃近是歟相視一笑而罷未幾余下山又未幾梧入涅槃雪

亦觀化而楞伽浮屠日以衰敗圓覺先已廢而余則誤隨塵綱居然老白首無成慚負仙人之撫頂禪宮銷歇轉益堪哀而猶幸萬景巋然獨存管得一塢白雲回想曩日讀書階樹之臘已四十强而眼前滄桑無復舊時欲望異日者打疊俗魔挾册登山了却未了之債矣事乃大謬菴宇災於庚子之春做成光地但見松瞑鶴廻於是一二開士發願募緣越三年壬寅冬僅得構院樓殿房廊廚湢一視前制而宏壯雖少遜堅緻能過之庵僧晩巖以余非生面客於斯庵也請記其事余觀今世界國漢文并用學宮廢而講堂輟而獨有佛宇之能新建也如此爲世道重可感矣然八影之遊遊而未遊萬景之讀讀而未讀一生耿耿難忘今雖老且病庶幾宿願可償玆爲記以證山門

45. 禪門拈頌說話

1) 卷第一

領幹設主大禪師　雪巖秋鵬

大禪師	本寺秩
月渚道安	懶忍
梅谷思印	印天
中昏敏機	守安
無用秀演	宗眼
初校大禪師慧玄	尙璘
校正　再校大禪師圓照	道學
三校大禪師志安	戒行
領募兼都監　尙機	淸雨

領募　　　義軒　　　　　敏淨
書寫化生　天信　　　　　幸益

助緣　　　達眞
　　　　　黃必澄
別座　　　坦日
化主　本寺門削快字俊字夏字巨字冠字如字
　　　　　贊字演字悟字時字應字登字
　　　　　端字三字雲字香字翰字
持殿　　　信益
　　　　　翰性
三綱　　　快俊
　　　　　快彥
住持　　太修

康熙四十六年丁亥七月日全羅道八影山楞伽寺開刊

2) 卷第三

大施主尙宗比丘
大施主色難比丘
　施主德玄比丘

書寫全州 金萬昌

禪門拈頌說話 卷第三

3) 卷第十

持殿 信益

翰性

三綱 快俊

快彥

住持 太修 書寫化主天信

化主本寺門削快字俊字

夏字巨字冠字如字

校正初校 慧玄 贊字演字悟字時字

再校大禪師 圓照 應字登字端字三字等

三校大禪師 志安 雲字香字翰字

康熙四十六年丁彥七月日全羅道興陽八影山楞伽寺開刊

*no.30-32, 35-45는 동국대학교 중앙도서관에서 운영하는 한국불교문화 종합시스템(http://buddha.dongguk.edu)에서 인용하였다.

기타 능가사 관련 문헌

동북아불교미술연구소 엮음

朝鮮總督府 官報

寺有財産臺帳

1. 朝鮮總督府 官報에서 楞伽寺 관련 기록

제 95호 住持就任(大正元年 11月 22日, 1912년)

제 737호 住持就任(大正4年 1月 20日, 1915년)

제 1018호 寺有土地寄附許可(昭和5年 5月 28日, 1930년)

제 1855호 住持異動(昭和8年 3月 17日, 1933년)

제 2856호 住持異動(昭和11年 7月 21日, 1936년)

제 2976호 寺有建物廢棄處分許可(昭和11年 12月 14日, 1936년)

제 3341호 寺有貴重品讓與許可(昭和13年 3月 9日, 1938년)

제 3743호 寺有貴重品讓與許可(昭和14年 7月 13日, 1939년)

제 3769호 住持異動(昭和14年 8月 12日, 1939년)

제 4300호 寺有地寄附許可(昭和16年 5月 27日, 1941년)

제 4624호 寺有林伐採許可(昭和17年 6月 29日, 1942년)

제 4853호 寺有土地賣却許可(昭和18年 4月 8日, 1943년)

제 4911호 寺有林伐採許可(昭和18年 6月 17日, 1943년)

朝鮮總督府官報　第九五號　大正元年十一月二十二日（第三種郵便物認可）

鑛業

○鑛業事項　鑛業ニ關スル事項左ノ如シ

住所變更

種別	鑛種	許可番號	鑛區所在地	權利者氏名	摘要
鑛業	金銀銅鑛	三六二	平安北道渭原郡時面	文明周	文明周ハ其ノ住所ヲ京城西部積善坊司宰洞三十二統六戸ニ變更ノ旨屆出ツ
同	金鑛	六七二	同道寧邊郡龍山面	李承鎬外一名	同前
同	同	七四五	京畿道安城郡所谷面	閔泳夏外四名	同前
同	同	七七五	平安南道順安郡龍興面	金志侃外二名	同前
同	金銀鑛	八六〇	慶尙北道寧郡縣內面	板山彌高	板山彌高ハ其ノ住所ヲ全羅南道光州郡北門外ニ變更ノ旨屆出ツ

社寺、宗教

○住持就職認可　全羅南道長官ハ左ニ揭クル寺刹住持就職ヲ各頭書ノ日附ヲ以テ認可セリ

認可日	寺刹所在地	寺刹名	住持氏名
明治四十四年十一月三十日	興陽郡占岩面	楞伽寺	金圓華
同日	同郡豆原面	修道寺	安宥文
同日	潭陽郡龍面	龍湫寺	鄭南鷹
同日	同郡	菩提菴	金幸恩
同日	同郡	補國寺	千華山
同日	昌平郡火面	觀音寺	金影潭
同日	同郡北面	龍興寺	朴恒來
同日	谷城郡竹谷面	泰安寺	金鶴鯨
同日	同郡道上面	道林寺	宣和植
同日	求禮郡馬山面	華嚴寺	朴抱月
同日	同郡所義面	泉隱寺	池懸龍
同日	咸平郡海保面	龍泉寺	周鷲峯
同十二月一日	麗水郡縣內面	寒山寺	全泰安
同日	同郡三日面	興國寺	金敬連
同十二月六日	靈光郡佛岬面	佛岬寺	安東華
同十二月七日	順天郡草上面	桐華寺	李南谷
同日	同郡蘇安面	香林寺	羅大應
同日	同郡上沙面	道詵菴	池皓泳
同日	同郡西面	古寺	鄭至善
同日	同郡月燈面	大興寺	趙敬珉

제 95호 住持就任(大正元年 11月 22日, 1912년)

朝鮮總督府官報　第七三七號　大正四年一月二十日（第三種郵便物認可）

全羅北道鎭安郡程川面 （田七五坪）	同	柳云西
（田一五〇坪）	同	金右京
（畑九〇坪）	同道同郡鎭安面	全仲彬
（田二五五坪）	同	河永許
（田四五〇坪）	同道同郡馬靈面	李性旬
（田一〇五坪）	同	朴京七
（畑二五五坪）	同	朴敬弼
（田一〇五坪 畑二五五坪）		朴國明
（田一〇五坪）	同道同郡富貴面	金觀善
（田一八〇坪）	同	黃士仲
（田一九五坪）	同	金辰洪
（田二二五坪）	同	高永先
（田三〇〇坪）	同	金卜汝
（田一五〇坪）	同	徐用瑞
（田七五坪）	同	金光洙

全羅北道鎭安郡富貴面 （田一五〇坪）	同	金寶一
（田一〇五坪）	同道全州郡九耳面	李順四
（田一五〇坪）	同道同郡伊東面	李炳䖍
（田一三五坪）	同道同郡東上面	鄭仁朝
（田四五坪）	同道同郡所陽面	金化京
（田一三五坪）		安永佐

大正二年十月全州鎭安間道路敷地トシテ土地寄附候段奇特ニ付爲其賞木杯壹箇下賜候事

全羅北道鎭安郡上田面 （田八二〇坪）		文基周
（田四九五坪）	同道同郡富貴面	白雲在
（田六〇〇坪）	同	姜瑜元
（田四六五坪）	同道同郡鎭安面	蔡應必
（各通）		
（田一八四五坪）	同道全州郡全州面	金洪培
（田六三〇坪 畑六〇坪）	同	金炳洙
（田七二〇坪）	同	鄭仁許

大正二年十月全州鎭安間道路敷地トシテ土地寄附候段奇特ニ付爲其賞木杯壹組下賜候事（以上大正三年十月二日）

社寺、宗教

○住持異動　住持異動左ノ如シ

異動年月日	異動事由	寺刹所在地	寺刹名	住持氏名
一月九日	任期滿了ノ處再任就職認可	全羅南道高興郡占岩面	楞伽寺	金圓華

○時局ニ關スル事項

○英國輸出禁止品　本件ニ關シ倫敦駐在總領事代理領事山崎馨一ヨリノ一昨十四日著電報左ノ如シ（外務省）

英國輸出禁止品追加

鋼鐵線條製造用寶石入引拔盤

○佛國輸出禁止品　本件ニ關シ里昂駐在領事山崎次郎ヨリノ昨三年十

제 737호 住持就任(大正4年 1月 20日, 1915년)

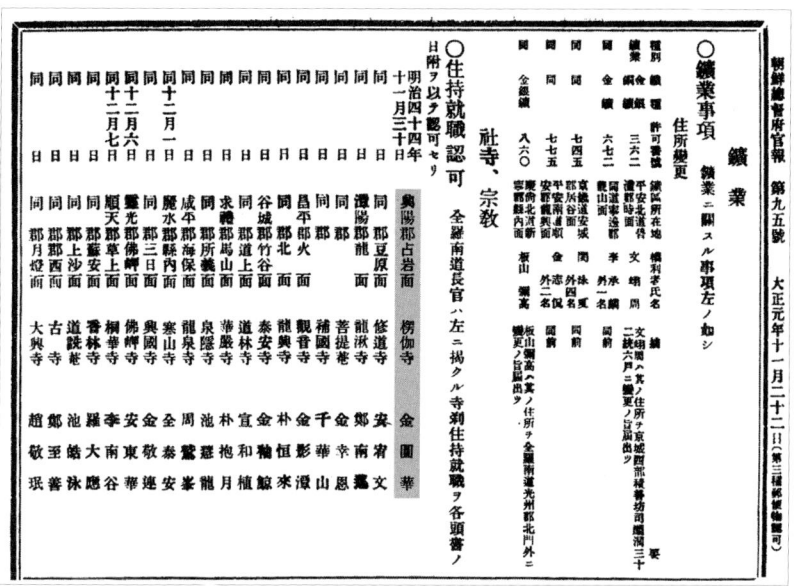

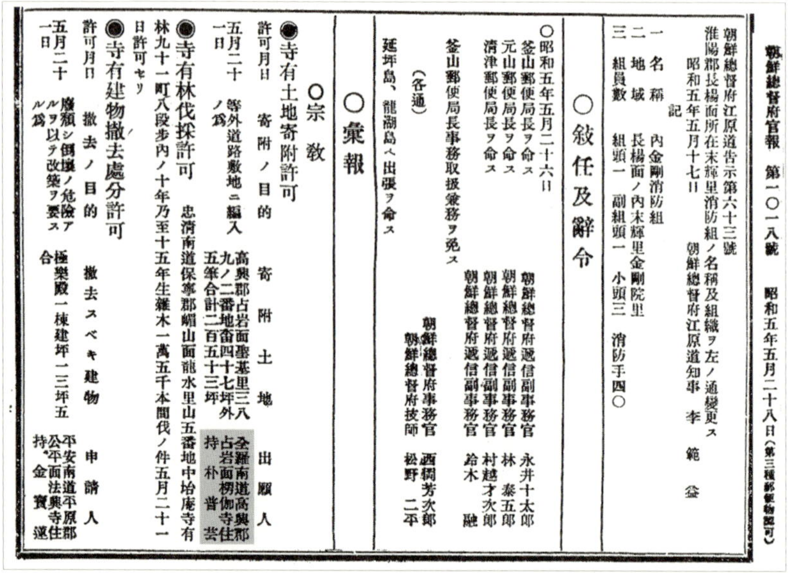

朝鮮總督府官報　第一〇一八號　昭和五年五月二十八日（第三種郵便物認可）

朝鮮總督府江原道告示第六十三號
淮陽郡長楊面所在末輝里消防組ノ名稱及組織ヲ左ノ通變更ス
昭和五年五月十七日　朝鮮總督府江原道知事　李範益

記

一　名稱　內金剛消防組
二　地域　長楊面ノ內末輝里金剛院里
三　組員數　組頭一　副組頭一　小頭三　消防手四〇

○敍任及辭令

○昭和五年五月二十六日
釜山郵便局長ヲ命ス　朝鮮總督府遞信副事務官　永井十太郎
元山郵便局長ヲ命ス　朝鮮總督府遞信副事務官　林泰五郎
清津郵便局長ヲ命ス　朝鮮總督府遞信副事務官　村越才次郎
釜山郵便局長事務取扱兼務ヲ免ス　朝鮮總督府遞信副事務官　鈴木融
（各通）
延坪島、龍湖島ヘ出張ヲ命ス　朝鮮總督府事務官　西堀芳次郎　朝鮮總督府技師　松野二平

○彙報

○宗教

◉寺有土地寄附許可

許可月日	寄附ノ目的	寄附土地	出願人
五月二十一日	等外道路敷地ニ編入ノ爲	高興郡占岩面聖基里三八九ノ二番地畓四十七坪外五筆合計二百五十三坪	全羅南道高興郡占岩面楞伽寺住持 朴普芸

◉寺有林伐採許可
忠淸南道保寧郡嵋山面龍水里山五番地中台庵寺有林九十一町八段歩內ノ十年乃至十五年生雜木一萬五千本間伐ノ件五月二十一日許可セリ

◉寺有建物撤去處分許可

許可月日	撤去ノ目的	撤去スベキ建物	申請人
五月二十一日	廢頹シ倒壞ノ危險アルヲ以テ改築ヲ要スル爲	極樂殿一棟建坪一三坪五合	平安南道平原郡公平面法興寺住持 金寶蓮

제 1018호 寺有土地寄附許可(昭和5年 5月 28日, 1930년)

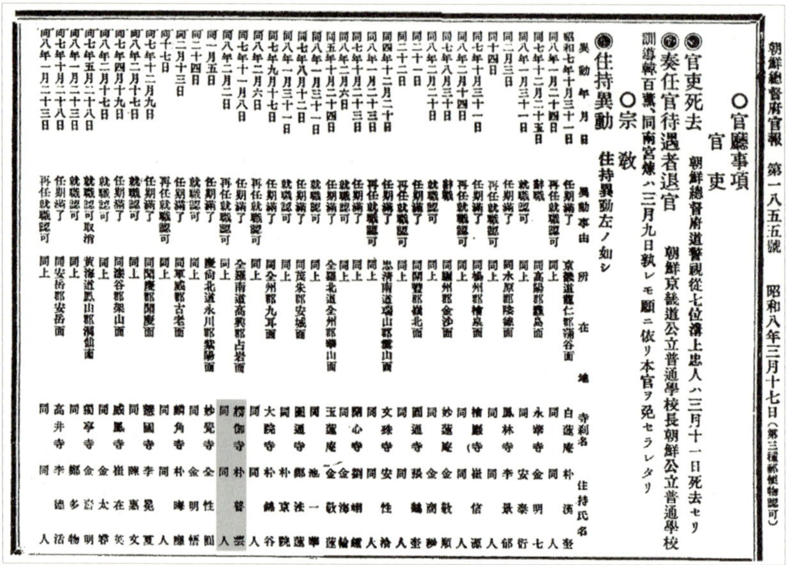

朝鮮總督府官報　第一八五五號　昭和八年三月十七日（第三種郵便物認可）

○官廳事項

官吏

◉官吏死去
朝鮮總督府道警視從七位濱上忠人ハ三月十一日死去セリ

◉奏任官待遇者退官
朝鮮京畿道公立普通學校長朝鮮公立普通學校訓導韓百薰、同南宮煉ハ三月九日孰レモ願ニ依リ本官ヲ免セラレタリ

○宗教

◉住持異動
住持異動左ノ如シ

異動年月日	異動事由	所在地	寺刹名	住持氏名
昭和七年十月三十一日	任期滿了	京畿道龍仁郡蒲谷面	白蓮庵	朴漢埜
同八年一月二十四日	再任就職認可	同上	同	同人
同七年十二月二十五日	辭職	同高陽郡纛島面	永寧寺	金明七
同八年一月三十一日	就職認可	同上	同	安泰衍
同二月三日	任期滿了	同水原郡陰德面	鳳林寺	李景郁
同十四日	再任就職認可	同上	同	同人
同七年十月三十一日	任期滿了	同楊州郡檜泉面	檜巖(寺	崔信源
同八年二月十四日	再任就職認可	同上	同	同人
同七年八月三十日	辭職	同驪州郡金沙面	妙蓮庵	金敬順
同八年二月二十日	就職認可	同上	同	金商燮
同二十一日	任期滿了	同開豐郡嶺北面	圓通寺	孫鎬埜
同二十二日	再任就職認可	同上	同	同人
同四年十二月二十日	任期滿了	忠淸南道瑞山郡雲山面	文殊寺	安性洽
同八年一月二十三日	再任就職認可	同上	同	同人
同七年十月二十三日	任期滿了	同上	開心寺	劉明鐵
同八年二月六日	就職認可	同上	同	金海輪
同五年十月二十四日	任期滿了	全羅北道全州郡華山面	玉蓮庵	金敬蓮
同八年一月三十一日	就職認可	同上	同	池一準
同七年八月十二日	任期滿了	同茂朱郡安城面	圓通寺	鄭法蓮
同八年一月三十一日	就職認可	同上	同	朴京院
同七年九月十七日	任期滿了	同全州郡九耳面	大院寺	朴錫谷
同八年二月六日	再任就職認可	同上	同	同人
同七年十一月八日	任期滿了	全羅南道高興郡占岩面	楞伽寺	朴普芸
同八年二月二日	再任就職認可	同上	同	同人
同一月五日	任期滿了	慶尙北道永川郡紫陽面	妙覺寺	全性圓
同二十四日	就職認可	同上	同	金明悟
同二月十三日	任期滿了	同軍威郡古老面	鱗角寺	朴曄應
同十七日	再任就職認可	同上	同	同人
同七年十二月九日	任期滿了	同聞慶郡聞慶面	惠國寺	李晃夏
同八年二月十七日	就職認可	同上	同	陳惠文
同七年四月十九日	任期滿了	同漆谷郡架山面	威鳳寺	崔在英
同八年二月十七日	就職認可	同上	同	金太榮
同七年五月二十八日	就職認可取消	黃海道鳳山郡洞仙面	獨孝寺	金岱明
同八年一月二十三日	就職認可	同上	同	鄭多物
同七年十月二十八日	任期滿了	同安岳郡安岳面	高井寺	李德活
同八年一月二十三日	再任就職認可	同上	同	同人

제 1855호 住持異動(昭和8年 3月 17日, 1933년)

朝鮮總督府官報 第二八五六號 昭和十一年七月二十一日（第三種郵便物認可）

○宗教

◉住持異動 住持異動左ノ如シ

異動年月日	異動事由	所在地	寺刹名	住持氏名
昭和十一年二月二十九日	任期滿了	京畿道京城府下往十里町	靑蓮寺	卞普眠
同七月一日	就職認可	同	同	閔學鳳
同九年十一月三日	任期滿了	同崇仁町	靑龍寺	洪祥根
同十一年七月四日	再任就職認可	同	同	同
同三月二十四日	任期滿了	同高陽郡恩平面	文殊庵	沈龍渓
同七月四日	再任就職認可	同	同	同
同五月二十二日	任期滿了	同開豐郡嶺北面	大興寺	丁德悟
同七月八日	就職認可	同	同	趙昌佑
同六月十六日	任期滿了	全羅北道完州郡高山面	雲門寺	成雙運
同二十五日	再任就職認可	同	同	同
同四月十一日	死亡	同上關面	南固寺	李尙根
同七月七日	就職認可	同	同	盧泳龜
同二月十四日	死亡	同扶安郡扶寧面	城隍寺	殷萬吉
同七月七日	就職認可	同	同	金光鉉
同三月十日	任期滿了	同金堤郡金山面	龜仙庵	姜成壽
同七月七日	再任就職認可	同	同	同
同五月十四日	任期滿了	同蓬凰面	望海寺	金整稿
同七月七日	再任就職認可	同	同	同
同二月一日	任期滿了	全羅南道高興郡占岩面	楞伽寺	朴普雲
同七月八日	就職認可	同	同	金戴善
同二月二十六日	任期滿了	慶尙北道安東郡祿轉面	日出庵	趙榮基
同七月十日	再任就職認可	同	同	同
同五月二十一日	任期滿了	同醴泉郡甘泉面	寒天寺	金德奇
同七月十日	再任就職認可	同	同	同
同十年五月二十三日	死亡	同慶山郡南川面	慶興寺	金振應
同十一年七月十日	就職認可	同	同	李永瓚
同五月二十九日	任期滿了	同榮州郡豐基面	喜方寺	李聚雲
同七月十日	再任就職認可	同	同	同
同六月十四日	任期滿了	同軍威郡召保面	法柱寺	金鼎修
同七月十日	再任就職認可	同	同	同
同十年一月十五日	辭職	慶尙南道晋州郡文山面	斗芳庵	文奇錫
同十一年六月十一日	就職認可	同	同	鄭永祚
同	辭職	同東萊郡龜浦面	國淸寺	金聲峰
同七月七日	就職認可	同	同	金末鍾
同六月二十八日	任期滿了	同長安面	長安寺	李載宜
同七月七日	就職認可	同	同	金梓峰
同十年三月二十八日	任期滿了	平安南道中和郡天谷面	玉泉寺	林鍾律
同十一年六月十日	再任就職認可	同	同	同
同十年二月十二日	任期滿了	咸鏡南道德源郡府內面	明寂寺	嚴奇性
同十二月二十八日	就職認可	同	同	林敬仲

제 2856호 住持異動(昭和11年 7月 21日, 1936년)

朝鮮總督府官報 第二九七六號 昭和十一年十二月十四日（第三種郵便物認可）

同馬九坪同	同	松本信夫	同
同迎山同	同	鈴木鋼藏	同
同扶餘同	同	高島卯一	同
同窺岩同	同	堀田宮三郎	同
同恩山同	同	長谷部恒三	同
同鴻山同	同	江戶勝吉	同
同舒川同	同	酒井經夫	同
同韓山同	同	織壁三郎	同
同長項同	同	藤木円藏	同
同保寧同	同	正井滝太	同
同大川同	同	福本榮松	同
同靑陽同	同	佐々田重見	同
同洪州同	同	安井大之助	同
同廣川同	同	佐生源吉	同
同禮山同	同	伊佐淸殖	同
同新禮院同	同	田島嘉吉	同
同瑞山同	同	小田與市郎	同
同海美同	同	上村信衛	同
同唐津同	同	桑原仁平	同
同合德同	同	高橋正一	同
同牙山同	同	坂本高藏	同
同溫陽同	同	北尻萬之助	同
同天安同	同	新宅源三郎	同
同成歡同	同	渡野安太郎	同
同笠場同	同	石澤彌太郎	同

○宗教

◉寺有建物廢棄處分許可

許可年月日	廢棄セントスル建物	建坪	出願人
昭和十一年十二月九日	萬景庵	三六坪	全羅南道高興郡占岩面楞伽寺住持金戴善

○司法、警察及監獄

◉自動車運轉免許證下付 自動車運轉免許證下付セラレタル者左ノ如シ

下付年月日	免許證番號	本籍	住所	氏名	生年月日	下付官廳
昭和十一年十二月一日	普通一八五七	安州郡安州邑南川里二〇七	安州郡雲谷面漁湖里一二〇	金昌善	明治四十一年七月三十日	平安南道
同	同一八五八	平安北道雲山郡委延面暨中洞三四一	平壤府慶上里三五	鄭國泰	同四十二年八月十九日	同
同	同一八五九	成川郡靈泉面了波里二六六	寧遠郡寧遠面永寧里二二三	李連奎	同三十九年三月十五日	同
同	同一八六〇	江西郡江西面德興里六八五	龍岡郡瑞和面自福里六七二	朴仁燮	同三十四年四月二十日	同
同	同一八六一	平壤府介田里一一	平壤府慶上里一一四	李龍鎭	同三十三年四月十六日	同

제 2976호 寺有建物廢棄處分許可(昭和11年 12月 14日, 1936년)

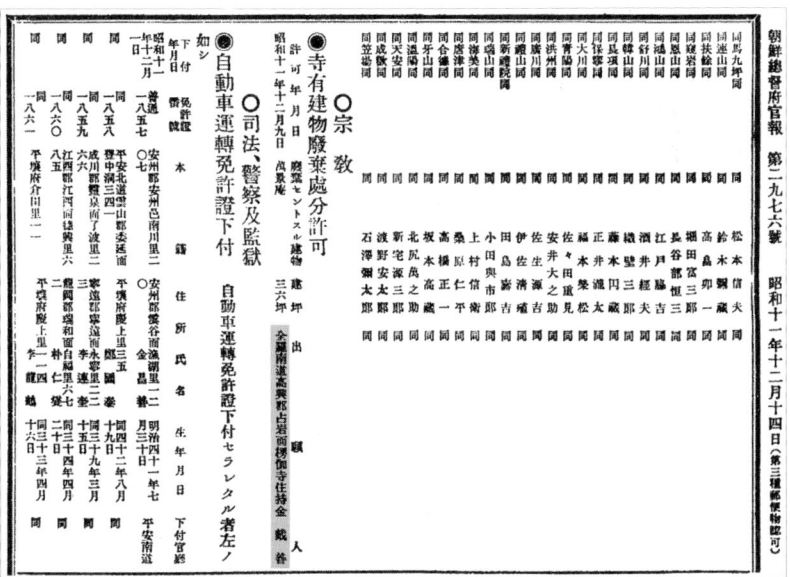

朝鮮總督府官報 第三三四一號 昭和十三年三月九日（第三種郵便物認可）

○昭和十三年三月五日

釜山及京城各遞信分掌局區域內ヘ出張ヲ命ス

朝鮮總督府遞信局長 山田 忠次

○昭和十三年三月七日

門司、博多、長崎、熊本、鹿兒島及延岡ノ各市ヘ出張ヲ命ス

朝鮮總督府稅關長 兵頭 儁

出府竝釜山ヘ出張ヲ命ス

小鹿島更生園長 周防 正季

北京、天津、張家口、綏遠、石家莊、奉天、新京及山海關ヘ出張ヲ命ス

朝鮮總督府道警視 吉利 惠美喜

咸鏡北道羅南邑、慶源郡、慶興郡、穩城郡、鍾城郡及會寧郡ヘ出張ヲ命ス

朝鮮總督府技師 遊佐 肇雄

正誤

昨八日本欄八六頁上段七行目「立川伍郎」ハ「立川吳郎」ノ誤

○彙報

○宗教

◉寺有林伐採許可

許可年月日	伐採區域	伐採方法	伐採樹種及數量	伐採期間	出願人
昭和十三年三月一日	慶尚南道梁山郡下北面龍淵里六十三ノ一番地外一筆內院庵寺有林野二千三十九町七段步中五十九町九段九畝步	施業案ニ依ル	平均二十七年及三十二年生アカマツ一萬五千五百八十五尺締	許可ノ日ヨリ一箇年以內	慶尚南道梁山郡下北面內院庵住持 鄭 性粹

◉寺有貴重品讓與許可

許可年月日	讓與セントスル貴重品		讓與先	出願人
昭和十三年三月一日	十大王	十體	松廣寺	全羅南道高興郡占岩面楞伽寺住持 金 錢 洙
	道明尊者	一體		
	無毒鬼王	一體		
	判官	四體		
	錄使	二體		
	使者	二體		

○司法、警察及監獄

◉自動車運轉免許證下付

自動車運轉免許證下付セラレタル者左ノ如シ

下付年月日	運轉免許及番號	本籍	住所	氏名	生年月日	下付官廳
昭和十三年二月二十三日	特殊咸北五〇	忠清南道洪城郡洪城面石宅里四〇一	咸鏡北道鏡城郡羅南邑初瀨町一〇八	韓 仁錫	大正三年十一月十八日	咸鏡北道
同	五一	京城府竹添町三丁目一	同清津府浦項洞九三	許 光榮	同八年十二月二十一日	同
同	五二	宮崎縣南那珂郡福島町大字西方五八四六	同相生町一	松本 量智	同三年三月二十日	同

제 3341호 寺有貴重品讓與許可(昭和13년 3月 9日, 1938년)

朝鮮總督府官報 第三七四三號 昭和十四年七月十三日（第三種郵便物認可）

朝鮮總督府京畿道知事 甘蔗 義邦

朝鮮總督府府尹 高橋 敏

（各通）

朝鮮總督府住宅對策委員會臨時委員ヲ命ス

朝鮮總督府事務官 林 勝壽
同 崔 夏永
同 辻 桂五
同 高尾 甚造
同 井坂 圭一良
同 柳生 繁雄
同 村山 道雄
同 奧村 重正
同 山地 靖之
同 伊藤 泰吉
朝鮮總督府技師 榛葉 孝平
同 井芹 正
朝鮮總督府遞信事務官 白石 光治郎
朝鮮總督府鐵道局理事 西崎 鶴司
朝鮮總督府道事務官 神谷 小一
同 高 安彥
朝鮮總督府事務官 山田 繁吉
朝鮮總督府技師 長鄕 衛二

（各通）

朝鮮總督府住宅對策委員會幹事ヲ命ス

○彙報

○神社

◉神祠設立許可

京畿道楊平郡砥堤面ニ神明神祠設立ノ件吉原重雄外二十四名ヨリ願出ニ付七月八日附之ヲ許可セリ

○宗教

◉寺有建物廢棄處分許可

許可年月日	建物ノ名稱	建坪	所在地	出願人
昭和十四年七月八日	帖下庫	二六	平安北道寧邊郡北新峴面下杏洞四十二番地	平安北道寧邊郡北新峴面普賢寺住持 金 法龍

◉寺有貴重品讓與許可

許可年月日	讓與セントスル貴重品	讓與先	出願人
昭和十四年七月八日	一 觀世音菩薩外十體	松廣寺	全羅南道高興郡占岩面楞伽寺住持 金 錢 洙
	一 毘盧舍那佛外二十四體	奉恩寺	

제 3743호 寺有貴重品讓與許可(昭和14年 7月 13日, 1939년)

朝鮮總督府官報 第三七六九號 昭和十四年八月十二日（第三種郵便物認可）

同六月二十二日	任期滿了	同東面	念佛庵	金塋念
同七月四日	再任就職認可	同	同	同
同十三年九月十一日	任期滿了	同水原郡日旺面	濟溪寺	李穜植
同十四年七月七日	就職認可	同	同	申道淨
同	任期滿了	同開豊郡嶺北面	大興寺	趙昌佑
同八日	再任就職認可	同	同	同
同五月三日	任期滿了	同嶺南面	華藏寺	李鍾華
同七月二十五日	再任就職認可	同	同	同
同五月十三日	任期滿了	同	聖壽庵	廉千萬
同七月二十五日	再任就職認可	同	同	同
同六月十九日	任期滿了	全羅南道和順郡南面	維摩寺	趙凰羽
同七月十一日	再任就職認可	同	同	同
同七日	任期滿了	同高興郡占岩面	楞伽寺	金鉉善
同二十一日	再任就職認可	同	同	同
同四月十四日	任期滿了	慶尙南道咸陽郡安義面	龍湫寺	柳慧明
同七月十九日	再任就職認可	同	同	同
同二月六日	任期滿了	黃海道松禾郡松禾面	壽增寺	李元教
同六月二十七日	再任就職認可	同	同	同
同九日	辭職	同平山郡平山面	北岩寺	崔西庵
同二十七日	就職認可	同	同	金壽明
同二月二日	任期滿了	同鳳山郡洞仙面	獨亭寺	鄭多物
同六月二十七日	就職認可	同	同	金昌海
同二月十四日	任期滿了	同沙里院邑	高山寺	梁信英
同六月二十七日	就職認可	同	同	同
同四月十七日	任期滿了	平安南道平原郡永柔面	靈泉寺	蔡寶尙
同六月二十八日	再任就職認可	同	同	同
同九日	任期滿了	同中和郡天谷面	玉泉寺	林鍾律
同七月一日	再任就職認可	同	同	同
同四月六日	任期滿了	江原道旌善郡東面	淨嚴寺	崔性庵
同六月二十八日	就職認可	同	同	朴亮容
同二月三日	辭職	同鐵原郡新西面	石窟庵	徐相仁
同六月五日	就職認可	同	同	崔敬出
同十二年十二月十七日	任期滿了	咸鏡南道永興郡宣興面	見性庵	白大京
同十四年七月十九日	就職認可	同	同	盧壯信
同三月二十七日	任期滿了	同仁興面	地興寺	孫南淳
同七月十九日	再任就職認可	同	同	同

○產業

鑛業

●鑛業事項 鑛業事項左ノ如シ

鑛業權設定

登錄番號	鑛種	鑛區所在地	面積	登錄月日	鑛業權者住所氏名
一七、六二一	金銀鑛	江原道洪川郡化村面	二十四萬千六百坪	六月十五日	江原道洪川郡洪川面希望里六十一番地 坪內直己
一七、六二二	砂金	全羅南道寶城郡福內面	九萬二千坪	六月十五日	全羅南道長城郡長城面鳳德里 川癸秀

제 3769호 住持異動(昭和14年 8月 12日, 1939년)

朝鮮總督府官報 第四三〇〇號 昭和十六年五月二十七日（第三種郵便物認可）

平壤府	朝鮮鑛業 府尹	佐藤德重	同	府費收支
中和面	中和面長	土田紡永	同	面費收支
鎭南浦府	朝鮮總督府府尹	上野彥八	同	府費收支
慶尙北道	知事	上瀧基	同	收支
同（罹災救助基金特別會計）	同	上瀧基	同	同
慶尙北道大邱府	府尹	杉山茂一	同	同
慶尙南道	慶尙南道知事	山澤和三郎	同	同
同馬山府	馬山府尹	森江歸一	同	同
同晋州府	晋州府尹	大林福夫	同	同

○宗教

●寺有土地寄附許可

許可年月日	寄附セントスル土地	出願人
昭和十六年五月十六日	全羅南道順天郡住巖面杏亭里二九一番地畓外三十九筆計三萬一千二百三十九坪	全羅南道順天郡松光面 松廣寺住持 林原吉
同	全羅南道谷城郡竹谷面元達里三二三番地畓外二十九筆計一萬九千五百五十一坪	全羅南道谷城郡竹谷面 泰安寺住持 富山穆一
同	全羅南道和順郡北面院里二七番地畓外十五筆計七千七百三十五坪	全羅南道谷城郡火面 觀音寺住持 江上袖閣
同	全羅南道高興郡占巖面逆基里二四五番地畓外二筆計四千八百四十七坪	全羅南道高興郡占巖面 楞伽寺住持 金谷基玄
同	全羅南道順天郡別良面竹山里三二二番地畓外三筆計一千八百五十九坪	全羅南道順天郡別良面 桐華寺住持 大倉來碩
同	全羅南道寶城郡文德面寒泉里一〇〇四番地畓一千七百二坪	全羅南道寶城郡文德面 大原寺住持 淮東植
同	全羅南道谷城郡谷城面蕎院里七七六番地畓外二筆計一千九百二十九坪	全羅南道谷城郡谷城面 道林寺住持 宮本哲榮
同	黃海道信川郡山川面山峴里一二九番地畓外十三筆計一萬五千四百六十一坪	黃海道信川郡用珍面 貝葉寺住持 秋山秀株
同	黃海道信川郡山川面山峴里六五七番地畓外一筆計四千百七十六坪	黃海道信川郡用珍面 月精寺住持 岡田秀一
同	黃海道碧城郡羅德面錦山里二四六番地畓外一筆計四千百七十六坪	黃海道碧城郡西席面 神光寺住持 大平宇一
同	黃海道甕津郡西面長羅里七六三番地畓外三筆三千五百十三坪	黃海道甕津郡西面 青蓮寺住持 白嶽・富雄
同	黃海道長淵郡海安面烽台里五七六番地畓外三筆計四千七百三十四坪	黃海道長淵郡薄澤面 雙溪庵住寺 山本炯也
同	黃海道信川郡山川面山峴里二七一番地畓外三筆計三千二百七十一坪	黃海道安岳郡安岳邑 燃燈寺住持 青山穆月
同	黃海道載寧郡銀海面新德里一〇四二番地田外十三筆計一萬二千二百八十四坪	黃海道載寧郡長壽面 妙音寺住持 三山壽一

●寺有建物改築許可

許可年月日	建物ノ名稱	建坪	所在地	出願人
昭和十六年五月十六日	本堂及廊裡	一九九・八〇坪	咸鏡北道城津郡城津邑本町一〇四 一〇五番地	咸鏡北道城津郡城津邑 本妙寺住職 藤田文孝

○產業

鑛業

●鑛業事項 鑛業事項左ノ如シ

鑛業著手屆

登錄番號	鑛種名	鑛區所在地	鑛業權者	摘要
一八、八八〇	金銀鑛	平安南道順川郡新倉面	代表者 財部甚吾	平安南道順川郡新倉面南興里五四八番地ニ八幡金山事務所ヲ設置シ昭和十五年十二月十八日ヨリ鑛業ニ著手
一九、一二八	金銀鑛螢石	忠淸北道沃川郡青城面伊院面永同郡深川面	芥川將二郎	忠淸北道永同郡深川面古峴里六九八番地ニ猫金鑛業事務所ヲ設置シ昭和十六年三月十日ヨリ鑛業ニ著手

제 4300호 寺有地寄附許可(昭和16年 5月 27日, 1941년)

朝鮮總督府官報　第四六二四號　昭和十七年六月二十九日（第三種郵便物認可）

陞敍高等官六等　京城帝國大學助敎授　中野　毅

六級俸下賜　朝鮮總督府遞信副事務官　關口　正二

（以上六月二十二日官報）

八級俸下賜　朝鮮總督府標識技師　五十嵐勝衞

十一級俸下賜　朝鮮總督府穀物檢査所技師　友部　隆

九級俸下賜　朝鮮總督府道理事官　大原　潤台

江原道在勤ヲ命ス

十一級俸下賜　朝鮮產業技師　瀧澤　三郎

慶尙北道產業技師ニ補ス

六級俸下賜　朝鮮衞生技師　須川　豐

京畿道衞生技師ニ補ス

○昭和十七年六月二十二日　朝鮮總督府司法官試補　中瀨古愷由

（各通）　同　小松不二雄

釜山地方法院檢事代理ヲ命ス（釜山地方法院檢事局）

○昭和十七年六月二十七日　朝鮮總督府郡守　文元　義宗

（各通）　同　新井　道淳

同　駒城　秀謙

昭和十七年七月施行朝鮮總督府及所屬官署職員朝鮮語試驗臨時委員ヲ免ス

昭和十七年七月施行朝鮮地方待遇職員朝鮮語試驗臨時委員ヲ免ス

○彙報

○宗敎

●住持就職認可　京畿道水原郡安龍面龍珠寺住持ニ松田啓照就職ノ件申請ニ依リ昭和十七年六月二十四日認可セリ

●寺有林伐採許可

許可年月日	伐採區域	伐採方法	伐採樹種及數量	伐採期間	出願人
昭和十七年六月二十四日	全羅南道高興郡點岩面聖基里山一三〇ノ四番地外七筆楞伽寺寺有林野百五町六段四畝歩中七町一段歩	擇伐	アカマツ及雜木二十六年生二百六十尺締	許可ノ日ヨリ六箇月間	全羅南道高興郡點岩面楞伽寺住持　金谷基玄
同	咸鏡南道安邊郡文山面沙器里山百三番地ノ一林野八百五十八町五段歩中十一町八段一畝歩	施業案ニ依ル	アカマツ四十年乃至百二十年生四千本	許可ノ日ヨリ一箇年以內	咸鏡南道安邊郡文山面沙器里釋王寺住持　金山漢松

○產業

鑛業

●鑛業事項　鑛業事項左ノ如シ

鑛業權設定

登錄番號	鑛種	鑛區所在地	面積	登錄年月日	鑛業權者住所氏名
三、〇〇〇	金銀硫化鐵鑛	慶尙南道昌寧郡城山面慶尙北道淸道郡豐角面	十一萬	五・一五	京城府南大門通二丁目一朝鮮鑛業株式會社
三、〇〇一	重晶石	慶尙北道安東郡臨東面吉安面	五十二萬千坪	五・一五	慶尙南道蔚山郡下廂面將峴里一九九　王山萬鎰
三、〇〇二	金銀鑛	京畿道龍仁郡外四面安城郡三竹面	九十六萬千坪	五・一五	京城府孫堂町三〇五ノ一一九　小山三郎
三、〇〇三	金銀鑛	平安北道昌城郡東倉面碧潼郡鶴峴面	三十七萬坪	五・二六	京城府敦岩町四四二ノ三〇　宮木光弘
三、〇〇四	金銀銅鉛鑛	咸鏡南道端川郡水下面	六十一萬九千坪	五・一九	京城府貞洞町二七　大藏孝琮
三、〇〇五	金銀銅鉛鑛	咸鏡南道端川郡水下面	十萬千八百坪	五・一九	京城府貞洞町二七　大藏孝琮
三、〇〇六	金銀銅鉛鑛	咸鏡南道端川郡水下面	五萬二千七百坪	五・一九	京城府貞洞町二七　大藏孝琮
三、〇〇七	黑鉛	咸鏡北道吉州郡德山面	六十五萬五千坪	五・二三	東京市世田谷區世田谷町二丁目一、〇八八ノ三　關　島吉

제 4624호 寺有林伐採許可(昭和17年 6月 29日, 1942년)

朝鮮總督府官報　第四八五三號　昭和十八年四月八日（第三種郵便物認可）

同南原砂防事業所	同	曾田　春雄	自昭和十五年七月一日至昭和十六年四月十二日
全羅北道	同	岩谷　律藏	自昭和十五年八月二十一日至昭和十五年十二月九日
同	同	徐　延天	自昭和十五年八月十二日至昭和十五年十二月三日
同	同	本野　四郎	自昭和十六年二月二十五日至昭和十六年四月八日
同	朝鮮總督府全羅北道屬	朴　疇烙	自昭和十五年四月一日至昭和十六年三月三十一日

○宗敎

●寺有土地賣却許可

許可年月日	賣却セントスル土地	出願人
昭和十八年四月二日	全羅南道高興郡浦項面松山里三五一番地ノ一番外七筆計四千四百五坪	全羅南道高興郡占岩面楞伽寺住持　金谷基玄

●寺有林伐採許可

許可年月日	伐採區域	伐採方法	伐採樹種及數量	伐採期間	出願人
昭和十八年四月二日	平安北道寧邊郡龍山面龍登洞山五二番地ノ一林野外二筆三千百三十九町二畝歩中二百五十町歩	擇伐	二十五年乃至六十年生ナラ及ザツ一萬五千尺締アカマツ二十五年乃至六十年生二百尺締	許可ノ日ヨリ一箇年以內	平安北道寧邊郡龍山面龍門寺住持　寶山默庵

○土木

●朝鮮道路令ニ依ル處分事項　朝鮮道路令ニ依ル處分事項左ノ如シ

國道改築工事承認

認承年月日	路線名	工事種類	位置	目的	工事期間	被承認者
昭和十八年四月一日	會寧惠山線	改築	咸鏡北道茂山郡地內	鐵道建設ノ爲	工事ハ承認ノ日ヨリ一月內ニ著手シ著手ノ日ヨリ昭和十八年十一月三十日迄ニ竣功	鐵道局長

●朝鮮公有水面埋立令ニ依ル處分事項　朝鮮公有水面埋立令ニ依ル處分事項左ノ如シ

埋立免許

免許年月日	埋立ノ場所	水面ノ種類	面積	目的	著手期間	竣功期間	免許ヲ受ケタル者ノ住所氏名
昭和十八年四月二日	全羅南道濟州島城山面城山里地先	海	一一五坪	倉庫敷地及海產物乾燥作物處理場用地造成	埋立免許ノ日ヨリ二月內	埋立免許ノ日ヨリ六月內	全羅南道濟州島城山面城山里　永島浩集

埋立工事竣功期間延長許可

延長許可年月日	埋立ノ場所	水面ノ種類	面積	延長ヲ許可シタル期間	免許ヲ受ケタル者ノ住所氏名	備考
昭和十八年四月二日	平安南道鎭南浦府龍山町地內	河川（大同江）	七、七六〇坪	昭和十八年二月二十八日迄ヲ昭和十九年二月二十八日迄ニ延長許可	鎭南浦府	昭和十三年十一月十四日免許ノ分

○衞生

●醫生免許　昭和十八年三月中醫生ヲ免許セルモノ左ノ如シ

月日	番號	免許區域	免許期間	本籍	氏名
三月九日	六七八一	楊州郡白石面廣積面	自昭和十八年三月十六日至昭和二十一年三月十五日	京畿道	弘川壽均
同	九七〇四	驪州郡介軍面	自昭和十八年三月九日至昭和二十一年三月八日	同	白岡南永
同	六一五二	慈城郡三豐面雲峰洞、牙洞、慈下面西海洞	自昭和十八年三月一日至昭和二十一年二月末日	平安北道	金谷翊虎
同	六四一〇	平昌郡珍富面	自昭和十八年三月十六日至昭和二十一年三月十五日	江原道	大川時永

제 4853호 寺有土地賣却許可(昭和18年 4月 8日, 1943년)

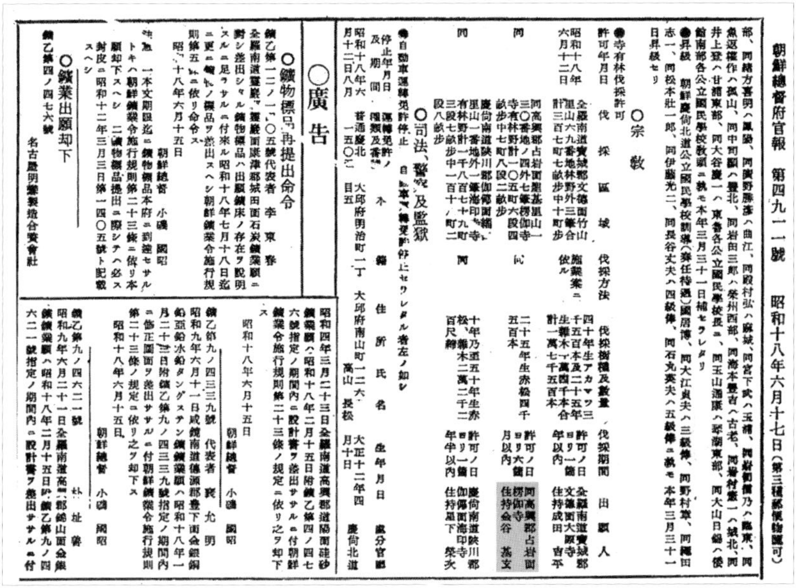

朝鮮總督府官報 第四九一一號 昭和十八年六月十七日（第三種郵便物認可）

部、同緒方喜明ハ鳳陽、同廣野勝彦ハ曲江、同殿村弘ハ麻城、同宮下武ハ玉浦、同樹下信乃ハ臨東、同魚返權作ハ孤山、同中司顯ハ豐北、同岩田三郎ハ榮州西部、同海本豐吉ハ古老、同岩村憲一ハ城北、同井上登ハ甘浦東部、同大谷慶一ハ東萊各公立國民學校長ニ、同玉山通康ハ翠湖東部、同大山日錫ハ倭館南部各公立國民學校敎頭ニ孰モ本年三月三十一日補セラレタリ

●昇級　朝鮮慶尙北道公立國民學校訓導（奏任待遇）國居博、同大江貞夫ハ三級俸、同野村章、同繩田志一、同松本壯一郎、同伊藤光二、同長谷丈夫ハ四級俸、同石丸英夫ハ五級俸ニ孰モ本年三月三十一日昇級セリ

○宗教

●寺有林伐採許可

許可年月日	伐採區域	伐採方法	伐採樹種及數量	伐採期間	出願人
昭和十八年六月十二日	全羅南道寶城郡文德面竹山里山六九番地林野外三筆合計三百七十七町七畝歩中十町歩	施業案ニ依ル	四十年生アカマツ三千五百本及二十五年生雜木一萬四千本合計一萬七千五百本	許可ノ日ヨリ一箇年以內	全羅南道寶城郡文德面大原寺住持成田吉平
同	同高興郡占岩面黑基里山一三〇番地ノ四外七筆楞伽寺寺有林野計一〇五町六段四畝歩中七町八段二畝歩	同	二十五年生赤松四千五百本	許可ノ日ヨリ六箇月以內	同高興郡占岩面楞伽寺住持金谷萬支
同	慶尙南道陜川郡伽倻面緇里山一番地外一筆海印寺有林野計一千八百七十九町三段七畝歩中一百十八町二段八畝歩	同	十年乃至五十年生赤松、雜木二萬二千二百尺締	許可ノ日ヨリ一箇年半以內	慶尙南道陜川郡伽倻面海印寺住持星下榮次

○司法、警察及監獄

●自動車運轉免許停止　自動車ノ運轉免許ヲ停止セラレタル者左ノ如シ

停止年月日及期間	運轉免許ノ種類及番號	本籍	住所	氏名	生年月日	處分官廳
昭和十八年六月十二日八月	普通慶北一五〇二	大邱府明治町一丁目五	大邱府南山町一二六	高山投松	大正十二年四月十日	慶尙北道

○廣告

○鑛物標品再提出命令

鑛乙第一二ノ一〇五號代表者　李東春

全羅南道靈巖郡靈巖面康津郡城田面石炭鑛業願ニ對シ差出シタル鑛物標品ハ出願鑛床ノ存在ヲ說明スルニ足ラサルニ付來ル昭和十八年七月十八日迄ニ更ニ鑛物ノ標品ヲ差出スヘシ朝鮮鑛業令施行規則第五條ニ依リ命令ス

昭和十八年六月十五日　朝鮮總督　小磯國昭

注意　一本文期限迄ニ鑛物標品本府ニ到達セサルトキハ朝鮮鑛業令施行規則第二十三條ニ依リ本願却下スヘシ　二鑛物標品提出ニ際シテハ必ス封皮ニ昭和十二年三月三日第一四〇五號ト記載スヘシ

○鑛業出願却下

鑛乙第四ノ四七六號　名古屋明礬製造合資會社

昭和四年三月二十三日全羅南道高興郡道陽面硅砂鑛業願ハ昭和十八年二月十五日附鑛乙第四ノ四七六號指定ノ期間內ニ設計書ヲ差出サザルニ付朝鮮鑛業令施行規則第二十三條ノ規定ニ依リ之ヲ却下ス

昭和十八年六月十五日　朝鮮總督　小磯國昭

鑛乙第九ノ四三三九號　代表者　裵允明

昭和九年六月十一日咸鏡南道德源郡豐下面金銀銅鉛亞鉛水鉛タングステン鑛鑛業願ハ昭和十八年一月二十三日附鑛乙第九ノ四三三九號指定ノ期間內ニ修正圖面ヲ差出サザルニ付朝鮮鑛業令施行規則第二十三條ノ規定ニ依リ之ヲ却下ス

昭和十八年六月十五日　朝鮮總督　小磯國昭

鑛乙第九ノ四六二一號　朴址善

昭和九年六月二十一日全羅南道高興郡錦山面金銀鑛鑛業願ハ昭和十八年二月十五日附鑛乙第九ノ四六二一號指定ノ期間內ニ設計書ヲ差出サザルニ付

제 4911호 寺有林伐採許可(昭和18年 6月 17日, 1943년)

2. 寺有財産臺帳(동국대학교 중앙도서관 소장 복사본 참조)

全羅南道 高興郡 占岩面 楞伽寺

私有財産臺帳

番號	名稱	員數	品質	形狀	寸法	作者及傳來	摘要
一	釋迦牟尼佛	一	木体塗金	坐像	脊高五尺 胸幅二尺四寸	未詳	大雄殿
二	毘婆尸佛	一	木体塗金	坐像	脊高四尺 胸幅一尺四寸	〃	〃
三	尸棄佛	一	木体塗金	坐像	脊高三尺 胸幅一尺四寸	〃	〃
四	觀世音菩薩	一	木体塗金	坐像	脊高一尺七寸五分 胸幅八寸	〃	〃
五	釋迦如來佛	一	木体塗金	坐像	脊高一尺四寸 胸幅九寸	〃	〃
六	觀世音菩薩	一	木体塗金	立像	脊高一尺五寸五分 胸幅六寸	〃	〃
七	大勢至菩薩	一	木体塗金	立像	脊高一尺五寸五分 胸幅六寸	〃	〃
八	阿彌陀佛	一	木体塗金	坐像	脊高三尺一寸 胸幅一尺五寸	〃	大雄殿
九	羅漢	一	木体塗金	坐像	脊高三尺四寸 胸幅一尺五寸	未詳	應眞殿
一〇	地藏菩薩	一	木体塗金	坐像	脊高四尺 胸幅二尺	〃	大雄殿

貴重品

全羅南道 高興郡 占岩面 楞伽寺

番號	名稱	員數	品質	形狀	寸法	作者及傳來	摘要
一一	十大王	一〇	塗金木体	坐像	脊高三尺 胸幅一尺五寸	未詳	大雄殿
一二	道明尊者	一	塗金木体	立像	脊高三尺四寸五分 胸幅一尺	〃	〃
一三	無毒鬼王	一	塗金木体	立像	脊高三尺四寸五分 胸幅一尺	〃	〃
一四	判官	四	塗金木体	立像	脊高三尺一寸 胸幅一尺	〃	〃
一五	錄使	二	塗金木体	立像	脊高三尺一寸 胸幅一尺	〃	〃
一六	童子	二	塗金木体	立像	脊高一尺七寸 胸幅七寸	〃	〃
一七	童子	七	塗金木体	立像	脊高一尺五寸 胸幅六寸	〃	〃
一八	使者	二	塗金木体	立像	脊高四尺七寸 胸幅一尺五寸	〃	〃
一九	天王	四	塗金木体	坐像	脊高十五尺 胸幅四尺五寸	〃	天王門
二〇	神衆幀	一	塗金木体	掛軸	脊高四尺三寸 胸幅三尺二寸	雍正八年庚申九月日萬亨畵	大雄殿
二一	迦羅菩薩	一	塗金木体	坐像	脊高二尺七寸 胸幅一尺五寸	未詳	應眞殿

私有財産臺帳

貴重品

全羅南道 高興郡 占岩面 楞伽寺

番號	名稱	員數	品質	形狀	寸法	作者及傳來	摘要
一一	十大王	一〇	塗金木体	坐像	脊高三尺 胸幅一尺五寸	未詳	大雄殿
一二	道明尊者	一	塗金木体	立像	脊高三尺四寸五分 胸幅一尺	〃	〃
一三	無毒鬼王	一	塗金木体	立像	脊高三尺四寸五分 幅一尺	〃	〃
一四	判官	四	塗金木体	立像	脊高三尺一寸 幅一尺	〃	〃
一五	錄使	二	塗金木体	立像	脊高三尺一寸 幅一尺	〃	〃
一六	童子	二	塗金木体	立像	脊高一尺七寸 幅七寸	〃	〃
一七	童子	七	塗金木体	立像	脊高一尺五寸 幅六寸	〃	〃
一八	使者	二	塗金木体	立像	脊高四尺七寸 幅一尺五寸	〃	〃
一九	天王	四	塗金木体	坐像	脊高十五尺 幅四尺五寸	〃	天王門
二〇	神衆幀	一	塗金木体	掛軸	脊高四尺三寸 幅三尺二寸	雍正八年庚申九月日 萬亨畫	大雄殿
二一	迦羅菩薩	一	塗金木体	坐像	脊高二尺七寸 胸幅一尺三寸	未詳	應眞殿

私有財産臺帳 貴重品

全羅南道 高興郡 占岩面 楞伽寺

番號	名稱	員數	品質	形狀	寸法	作者及傳來	摘要
二二	彌勒菩薩	一	塗金木体	坐像	脊高二尺七寸 胸幅一尺三村	〃	〃
二三	迦葉尊者	二	塗金木体	立像	四尺四寸五分 脊高幅一尺二寸	〃	〃
二四	判官	二	塗金木体	坐像	二尺九寸 脊高幅一尺一寸五分	〃	〃
二五	録使	二	塗金木体	立像	脊高三尺八寸 胸幅一尺	〃	〃
二六	使者	二	塗金木体	立像	脊高四尺二寸 幅一尺五寸	〃	〃
二七	童子	一七	塗金木体	立像	脊高九寸 幅六寸五分	〃	〃
二八	釋迦如來佛	一	塗金木体	坐像	脊高一尺 幅四寸五分	〃	〃
二九	釋迦如來佛	四	塗金木体	坐像	脊高十五尺 幅四尺五寸	〃	〃
三〇	阿彌陀佛	一	塗金木体	坐像	脊高二尺七寸 幅一尺三寸	〃	萬景庵ヲ當寺ニ併合ノ結果移屬
三一	觀音菩薩	一	塗金木体	立像	脊高四尺 幅一尺一寸	〃	〃
三二	大勢至菩薩	一	塗金木体	立像	脊高四尺 胸幅一尺一寸	〃	〃
三三	釋迦牟尼佛	一	塗金木体	坐像	脊高三尺 胸幅一尺四寸五分	未詳	西佛庵ヲ當寺ニ併合ノ結果移屬

私有財産臺帳

貴重品

全羅南道 高興郡 占岩面 楞伽寺

番號	名稱	員數	品質	形狀	寸法	作者及傳來	摘要
三四	彌勒菩薩	一	木体塗金	坐像	脊高六寸三分 幅二寸五分	未詳	西佛庵ヲ當寺ニ併合ノ結果移屬
三五	迦羅佛	一	木体塗金	坐像	脊高三尺七寸 胸幅二寸五分	〃	〃
三六	綠覺星	一六	玉体塗粉	坐像		〃	〃
三七	觀世音菩薩	一	木体塗金	坐像	脊高八寸七分 胸幅四寸	〃	〃

以上石物ノトニレアリ

番號	名稱	員數	品質	形狀	寸法	作者及傳來	摘要
一	楞伽寺 事蹟碑	一	艾石製	長方形	高十五尺 廣四尺五寸	崇禎紀元後庚午月日立	
二	碧岩禪師塔	一	山石製	楕圓形	高四尺六寸	未詳	
三	廣熙禪師塔	一	山石製	楕圓形	高四尺	〃	
四	碧川禪師塔	一	山石製	楕圓形	高四尺五寸	〃	
五	泗影大師塔	一	山石製	楕圓形	高三尺	〃	
六	秋溪大師塔	一	山石製	楕圓形	高四尺	〃	

私有財産臺帳 貴重品

全羅南道 高興郡 占岩面 楞伽寺

七	碧海禪師塔	一	山石製	楕圓形	高四尺六寸	未詳
八	影海禪師塔	一	山石製	楕圓形	高二尺七寸	〃
九	雪岩大師塔	一	山石製	楕圓形	高二尺七寸	〃
一〇	雪峰大師塔	一	山石製	楕圓形	高三尺	〃

私有財産臺帳

貴重品

능가사 소장 문화재

능가사 전경(1960년대, 송광사 성보박물관 제공)

대웅전(1960년대, 송광사 성보박물관 제공)

응진당(1985년, 안귀숙 위원 제공)

응진당 목조삼존불좌상(1985년, 안귀숙 위원 제공)

능가사 대웅전(1999년, 동북아불교미술연구소 제공)

석조부도(1999년, 동북아불교미술연구소 제공)

천왕문

천왕문 편액

사천왕상(다문천, 광목천)

사천왕상(증장천, 지국천)

김애립, 범종, 1698년

용뉴

원패

보살상

대웅전

대웅전 측면

목조오존불상, 대웅전

색난 作(추정), 목조석가여래좌상

석가여래좌상 측면

희장, 목조아미타불좌상, 1654년
(고흥 불대사 조성)

희장, 목조약사불좌상, 1654년
(고흥 불대사 조성)

목조대세지보살입상
(도난, 문화재청 제공)

목조관음보살입상
(도난, 문화재청 제공)

응진당

색난, 목조삼존불좌상, 1685년, 응진당

색난, 목조석가여래좌상, 1685년

목조석가여래좌상

색난, 목조제화갈라보살좌상, 1685년

색난, 목조미륵보살좌상

색난, 목조나한상, 1685년

색난, 목조가섭존자입상

색난, 목조아난존자입상

색난, 목조나한상

색난, 목조나한상

능가사사적비, 1750년

이수

귀부

벽천정현 부도

광희원일 부도

사영신희 부도

추계성안 부도

설봉경오 부도

벽해석민 부도

괘불대, 대웅전 앞

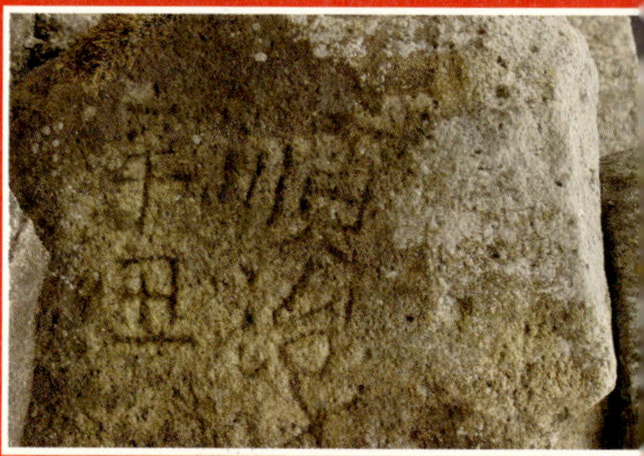

돌확(위) / 명문(아래)

능가사관련 원문자료

遺物部

建物

建物ノ名稱	構造	建坪	所在地	摘要
大雄殿	木造瓦葺	三三坪	高興郡占岩面楞伽寺	
凝香閣	同上	三一	同上	
應眞堂	同上	二一	同上	
冥府殿	同上	九	同上	
爐殿	同上	一五	同上	
天王門	同上	二二	同上	
萬景庵	同上	三六	同上	
西佛庵	同上	二一	同上	

財產臺帳

建物ノ名稱	構造	建坪	所在地	摘要
	計	二九九 二合		

三

佛像部

財産臺帳

貴重品

番號	名稱	員數	品質	形狀	寸法	作者及傳來	摘要
一	釋迦牟尼佛	一	木體塗金	坐像	脊高五尺 胸幅二尺四寸	未詳	大雄殿ニ安置
二	毘婆尸佛	一	仝	仝	仝四尺八 仝一尺二寸	仝	仝
三	尸棄佛	一	仝	仝	仝三尺 仝一尺四寸五分	仝	仝
四	迦葉佛	一	仝	仝	仝三尺七寸 仝一尺八寸	仝	仝
五	觀世音菩薩	二	仝	仝	各二尺六寸五分 各八寸	仝	仝
六	釋迦如來佛	一	土體塗粉	仝	仝一尺四寸 仝九寸	仝	仝
七	觀世音菩薩	一	仝	立像	仝一尺五寸五分 仝六寸	仝	仝
八	大勢至菩薩	一	仝	仝	仝一尺二寸五分 仝六寸	仝	仝

六

財產臺帳

番號	名稱	員數	品質	形狀	寸法	作者及傳來	摘要
九	阿彌陀佛	一	木體塗金	坐像	背高三尺八寸 胸幅一尺六寸	未詳	大雄殿二安置
一〇	羅漢	一六	土體塗粉	仝	仝各三尺四寸 仝各一尺五寸	仝	應眞堂二安置
一一	觀世音菩薩	一	鐵體塗金	仝	仝六寸五分 仝二寸五分	仝	大雄殿二安置
一二	地藏菩薩	一	木體塗金	仝	仝四尺 仝二尺	仝	仝
一三	十大王	一〇	木體塗粉	仝	仝三尺 仝一尺五寸	仝	仝
一四	道明尊者	一	仝	立像	仝三尺四寸五分 仝一尺	仝	仝
一五	無毒鬼王	一	仝	仝	仝三尺四寸五分 仝一尺	仝	仝
一六	判官	四	仝	仝	仝各三尺八寸 仝各一尺	仝	仝
一七	錄使	二	仝	仝	仝各三尺一寸 仝各一尺	仝	仝

七

貴重品

番號	名稱	員數	品質	形狀	寸法	作者及傳來	摘要
一八	童子	二	木體塗粉	立像	脊高各一尺七寸 胸幅各七寸	未詳	大雄殿ニ安置
一九	童子	七	仝	仝	仝各一尺五寸 仝各六寸	仝	仝
二〇	使者	二	仝	仝	仝各四尺七寸 仝各一尺九寸	仝	仝
二一	天王	四	仝	坐像	仝各十五尺 仝各四尺五寸	仝	天王門ニ安置
二二	神衆幀	一	紙本彩畵	掛軸	高四尺三寸 広三尺二寸	雍正八年庚申九月日勸亨畵	大雄殿ニ安置
二三	觀世音菩薩	一	木體塗金	立像	脊高四尺 胸幅一尺一寸	未詳	應眞堂ニ安置
二四	大勢至菩薩	一	仝	仝	同上	仝	仝
二五	釋迦如來佛	一	仝	坐像	仝三尺 仝一尺四寸五分	仝	仝

八

財産臺帳

番號	名稱	員數	品質	形狀	寸法	作者及傳來	摘要
二六	彌勒菩薩	一	木體塗金	坐像	身高二尺七寸 胸幅一尺二寸	未詳	應真堂安
二七	迦羅菩薩	一	仝	仝	同上	仝	仝
二八	阿難尊者	一	木體塗粉	立像	仝四尺 仝一尺二寸	仝	仝
二九	迦葉尊者	一	仝	仝	同上	仝	仝
三〇	判官	二	仝	坐像	仝高二尺九寸 仝幅一尺寸五分	仝	仝
三一	錄使	二	仝	立像	仝高三尺八寸 仝幅一尺	仝	仝
三二	使者	二	仝	仝	仝高四尺二寸 仝幅一尺五寸	仝	仝
三三	童子	一七	仝	仝	仝高九寸 仝幅五寸五分	仝	仝
三四	釋迦如來佛	一	玉體塗粉	坐像	仝一尺 仝四寸五分	仝	仝

九

貴重品

番號	名稱	員數	品質形狀	寸法	作者及傳來	摘要
三五	現世音菩薩	一	玉體塗粉坐像	脊高八寸七分 胴幅四寸	未詳	應眞堂ニ安置
三六	釋迦如來佛	一	木體塗金 仝	仝二尺 仝九寸五分	仝	萬景小庵ニ安置
	以上					

石物部

貴重品

番號	名稱	員數	品質	形狀	寸法	作者及傳來	摘要
三七	楞伽寺事蹟碑	一	艾石	長方形	高十五尺 廣四尺五寸 厚一尺三寸臺石並	崇禎紀年後庚午月日	
三八	碧岩禪師塔	一	山石	楕圓形	高四尺六寸	未詳	
三九	廣熙禪師塔	一	仝	仝	高四尺	仝	
四〇	碧川禪師塔	一	仝	仝	高四尺九寸	仝	
四一	泗影大師塔	一	仝	仝	高三尺	仝	
四二	秋溪大師塔	一	仝	仝	高四尺	仝	
四三	碧海禪師塔	一	仝	仝	高二尺	仝	
四四	影海禪師塔	一	仝	仝	高二尺七寸	仝	

財産臺帳

番號	名稱	員數	品質	形狀	寸法	作者及傳來	摘要
四五	雪岩大師塔	一	山石	楕圓形	高二尺八寸	未詳	
四六	雪峰大師塔	一	仝	仝	高三尺	仝	
四七	大鐘	一	真鍮	仝	高二尺九寸	康熙三十七年 戊寅三月日 金愛立鑄成	
四八	小鐘	三	仝	仝	高一尺五寸	未詳	
四九	大佛光	三	仝				
五〇	小佛光	四	仝				
五一	洋東海	一	仝				
五二	香爐	五	仝				
五三	茶光	四	仝				

貴重品

番號	名稱	員數	品質	形狀	寸法	作者及傳來	摘要
五四	燭臺	三	真鍮				
五五	撓鈴	二	仝				
五六	鏊金	一	仝				
五七	食光	八	仝				
五八	大楪	一〇	仝				
五九	蓋子	六	仝				
六〇	匙子	二〇	仝				
六一	手著	二〇	仝				

財産臺帳

番號	名稱	員數	品質	形狀寸法	作者及傳來	摘要
六二	食鼎	二	水鉄			
六三	羹鼎	一	仝			
六四	釜鼎	一	仝			
六五	斧	一	陸鉄			
六六	鐎子	二	仝			
六七	光耳	二	仝			
六八	佛盃	二	真鍮			
六九	木鐸	一	木體			
七〇	木馬	四	仝			

貴重品

番號	名稱	員數	品質形狀	寸法	作者及傳來	摘要
七一	大籠	九	土造			
七二	小籠	三	仝			
	以上					

昭和四年十月二十一日

經由 禪敎兩宗大本山松廣寺 昭和四年拾月貳拾

調製

財產台帳

高興郡古岩面聖基里楞伽寺

大雄殿重修記

昭和十二年丁丑春

昭和十三年戊寅春

昭和十五年庚辰春

都監 海隱堂 栽善

別座 蓮皓堂 龍甲

錦谷堂 相玉

錦波堂 宗淳

表住 松潭堂 喆洙

春凝堂 夢吉

時衆 金圓華 金霽華 金海隱

金一庵 李滿谷 梁蓮皓

楞伽寺史記 一

趙錦谷　金錦波　朴春凝
金松潭

時大本山松廣寺職員
住持 林綺山
監務 李清隱
法務 吳大庵
財務 朴春谷
木手
高鳳来　金士玄　權性淑
李在化　吳顯相　吳官琮
宋智浩　張奉元　李亨吉
金養元　表明宗　李桂善
趙相玉

土手 文昌錫 金太圭
供司 李學祚 金大根 朴判洙
李奉爕
尾手 金奉錫 金貞錫

天王門重修記

昭和十一年丙子春
都監 金海隱
別座 李滿谷
来往 金松潭
金圓華 金霽華 金海隱
時敎 金一庵 李滿谷 梁蓮皓

朴春凝 金松潭

時大本山松廣寺職員

住持 林綺山

監務 朱龍隱

法務 徐藤谷

財務 朴春谷

木手 高鳳来 金士玄 丁允明

李在化 宋智浩 羅牲淑

宋連變 鄭光淑

土手 文昌錫 朴良吉

尾手 金奉錫

供司 丁日秀

頁木 黃正洙

凝香閣重修記 附門閤新建

昭和十一年丙子冬

昭和十二年丁丑春

都監 金海隱

別座 梁蓮皓

秉徃 金松潭

金錦波

時般

金圓華 金一庵 朴春凝

金靈華 李湳谷 金松潭

金海隱 梁蓮皓 金錦波

時大本山松廣寺職員

住持 林綺山

監務 朱龍隱

法務 徐藤谷

財務 朴春谷

木手 高鳳来 權性淑 金泰元

李亨吉 申雨三

土手 文昌錫 金太圭

瓦手 金奉錫 金貞錫

供司 丁日秀

負木 黃正洙

圓音寮創建記

昭和十三年戊寅 三月十四日 午時開基
三月二十四日 午時定礎
三月二十六日 巳時立柱
四月 二日 卯時上樑

都監 海隱堂 裁善
時住持 海隱堂 裁善
監院 錦谷堂 相玉
持殿 錦波堂 宗淳
供司 李學祢
時衆 圓華堂 性真 靈華堂 泰允
海隱堂 裁善 滿谷堂 成洙

蓮皓堂 龍甲　錦谷堂 相玉
錦波堂 宗淳　春凝堂 夢吉
松潭堂 喆洙

時大本山松廣寺職員
住持 綺山堂 錫珍
監務 淸隱堂 淳弘
法務 大庵堂 鍊均
財務 春谷堂 肎榮

木手 高鳳来 宋智浩 金恭元
張奉元 李桂善 表明宗
土手 文昌錫 金太圭
尾手 金奉錫 金貞錫

瞻星閣新建記附倉庫改修

昭和十四年己卯秋

都監 金海隱

別座 金錦波

来往 梁蓮皓

朴春凝

時衆 金圓華 金霽華

金海隱 金一庵

梁蓮皓 朴春凝

時大本山松廣寺識貞

住持 林綺山

監務 李清隱

法務 吳大庵
財務 朴春谷
木手 高鳳來 吳顯相 金養元
高鳳先 宋智浩 李在化
土手 文昌錫 金太圭 朴明玉
尾手 金奉錫 金貞錫
供司 朴判洙

大雄殿

順治元年甲申仁祖二十二年距今二百九十八年前創建

創建主 碧川堂 正玄

乾隆三十三年戊子英祖四十四年 距今一百七十四年前重建

重建主 陽谷堂 総圭

同治二年癸亥哲宗十四年 距今七十九年前 重修

重修主 琦城堂 俊如

昭和十二年丁丑距今五年前 重修

重修主 海隱堂 裁善

昭和十六年辛巳 住持海隱堂裁善抄記

應真堂

順治元年甲申 距今二百九十八年前 創建

創建化主尙宗和尙

凝香閣 現倉庫

創建 重建 重修 大雄殿 同時

昭和十一年丙子冬修繕

昭和十二年丁丑春龍尾

昭和十四年己卯冬 倉庫變更修繕 海隱堂 裁善

瞻星閣

前位置 應眞堂側東向
現位置 大雄殿側南向

前創建

創建主

乾隆五十七年 正宗十六年壬子 距今一百五十年前 重建

重建主 碩聰和尚

昭和十四年己卯欽 距今三年前 移建

移建主 海隱堂 栽善

昭和十六年辛巳 住持 海隱堂 栽善 拙記

楞伽寺史記

天王門

康熙五年丙午顯宗七年 距今二百七十六年前 創建

創建主 信讚和尚 伊哲

道光四年甲申純祖二十四年距今一百十八年前 重建

重建主 秋波堂 養杓

昭和十一年丙子 距今六年前 重修

重修主 海隱堂 裁善

昭和十六年辛巳 住持 海隱堂 裁善 拔記

圓音寮

昭和十三年戊寅春 創建

創建主 海隱堂 栽善

雜記

昭和十一年丙子夏 風呂場新建

秋 大雄殿廣場新設

大雄殿階段新築

應真堂階段新築

天王門階段新築

昭和十一年丙子冬 應真堂鴟尾

浮屠庵新建

大門新建

墻垣新築

昭和十二年丁丑夏 庭園整備

燃料屋新建

昭和十二年丁丑 秋 石塔石碑 移建

後記

西紀一九六九(己酉)秋 天王门 重修

時役員

住持 雲耕 黃昌夏 都木 新興 金行坤

信徒會長 呂南 呂然實 監運 洛水 金俊浩

總務 李贊炯 書徒 斗巡 金正彬

引化主 金連守

大施主 朴奉珍

西紀一九七〇(庚戌)春 四天王像 丹青
時役 右仝 畫師 松汀里 宋滝峯
西紀一九七三(癸丑)春 四天王像類部 再丹青
右仝
西紀一九七四(甲寅)秋 電氣施設
西紀一九七七(丁巳)春 井戶 擴張再架 (電氣設置了)

大正七年七月六日
全羅南道高興郡古岩面
西佛庵住持
金圓華

朝鮮總督　殿

附屬佛殿取毀處分ニ關スル申請

一、佛殿所在名稱　西佛庵附屬十六殿
一、建物坪数及構造　木造瓦葺　壹坪七合五勺
一、材料ノ處置　木材ハ薪トシテ瓦ハ保存シ圓
通殿ノ修理用ニ充ツ
一、佛像ノ處置　本殿(圓通殿)内ノ一部ニ遷シ坐ス

右附屬佛殿大破腐朽シ修理堪ヘズ依テ取毀
處分致度候間御認可相成度此段申請候也

内一第一、六七八號
全羅南道高興郡占岩面
西佛庵住持 金圓華
大正七年七月六日附申請西佛庵々有建
物取毀處分ノ件許可ス
大正七年十月二十五日
朝鮮總督伯爵長谷川好道

寺刹併合許可願

今般左記ニ依リ萬景菴、西佛菴ヲ楞伽寺ニ併合致度候ニ付御許可被成下度此段奉願上候也

昭和四年十二月三十日

全羅南道高興郡占岩面聖基里三七〇番地

併合寺甲寺　楞伽寺

住持　朴普芸

全羅南道高興郡占岩面聖基里　番地

被併合寺乙寺　萬景庵

兼任住持　朴普芸

全羅南道高興郡占岩面錦蛇里　番地

被併合乙寺　西佛庵
住持　金賛儀

朝鮮總督子爵齋藤實殿

左記

一、被併合寺刹ノ沿革並現状及古蹟関係ノ有無
被併合西寺ハ併合寺ノ創説ノ當時從設セラレタルモノニシテ詳細ナル記録ハ中葉兵火ニ之ヲ紛失シ沿革ヲ證憑スヘキモノ無キカ為メ之レヲ省畧スルモ本道有名ナル八影山ノ頂腹ニ位シ西寺共時ニ古蹟ノ関係ハナシト雖トモ天然ノ物相其ノ

極秘ヲ盡シ清淨道界トシテ實ニ屈指スヘキ名勝地ナリ

一、併合ノ事由

被併合両寺ハ元來併合寺所屬ニシテ寺刹令施行前ハ併合寺ニ於テ管理シ來リタルモ寺刹令施行當時曖昧トシテ其ノ併合手續ヲ缺キタルカ為メ分離セラレタルモノニシテ該両寺ニハ何等ノ所屬財産ナク又止住僧侶モナキ為メ建物空シク兀然トシアルヲ以テ之ヲ復舊シ併合寺ヨリ僧侶ヲ派置シ名勝古蹟ヲ存續セシメントスルカ為メナリ

一、止住僧侶ノ處置

両寺共併合寺ト分離セラレタル以後ハ止住僧侶
ナシ
一、本尊及寺有財産ノ處分方法
本尊ハ両寺共併合寺ト分離后止住僧侶ナキ
為メ既ニ併合寺ニ移安ス
建物以外ノ寺有財産トシテ貴重品土地林野
等ナシ
一、寺有財産賣却代金處分方法
該當事件ナシ
以上

宗第二号

全羅南道高興郡占岩面
楞伽寺萬景菴 西佛菴
住持 朴普瑩

昭和四年十一月二十一日附願萬景菴及西佛菴ヲ楞伽寺ニ併合ノ件許可ス
但シ萬景菴寺有建物一棟三十六坪外佛像三体及西佛菴寺有建物一棟
二十一坪敷地百四十二坪外佛像二十体ハ楞伽寺ノ所有ニ歸屬セシムベシ

昭和五年一月二十四日

朝鮮總督子爵齋藤實

昭和六年一月八日

全羅南道高興郡占岩面

楞伽寺住持 朴普芸

朝鮮總督子爵齋藤實 殿

寺刹併合許可ニ關スル件

昭和五年一月二十四日附許可相成候首題ノ件併合手續終了ノ結果本寺ニ歸屬シタル財產別紙財產目錄ノ通及屆出候也

楞伽寺史記

二七

寺有財産目録

建物之部

建物ノ名稱	構造	建坪	所在地	
萬景菴	木造瓦葺	参拾六坪	全羅南道高興郡占岩面聖基里	楞伽寺ヨリ管理ス
西佛庵	仝	貳拾壱坪	全羅南道高興郡占岩面錦蛇里	仝

貴重品ノ部

(一)萬景庵

番號	名稱	員數	品質	形狀	寸法	作者及傳來	
二三	觀音佛	一	木体塗金	立像	脊高四尺 胄幅一尺一寸	未詳	萬景庵ヨリ楞伽寺應真堂ニ移置
二四	大勢至菩薩	一	仝	仝	仝	仝	仝上
二六	阿彌陀佛	一	仝	坐像	脊高二尺七寸 胄幅一尺三寸	仝	仝上

(二)西佛庵

番號	名稱	員數	品質	形狀	寸法	作者及傳來	
四	迦羅佛	一	木体塗金	坐像	脊高三尺七寸 胄幅一尺八寸	未詳	西佛庵ヨリ楞伽寺大雄殿ニ移置

楞伽寺史記

一一	彌勒菩薩	一	木体塗金	坐像	脊高六寸三分 胷幅五寸五分	未詳	西佛庵ヨリ楞伽寺大雄殿ニ安置
二五	釋迦牟尼佛	一	仝	仝	仝 三尺 仝 一尺四寸五分	仝	仝楞伽寺應真堂ニ安置
三五	觀世音菩薩	一	仝	仝	仝 八寸七分 仝 四寸	仝	仝上
三七	緣覺星	一六	玉体塗粉	仝	/	仝	仝上

一、西佛庵ニ屬スル敷地百四十四坪ハ西佛庵ノ所有トシテ楞伽寺ヨリ管理ス

一、萬景、西佛、兩庵ニハ従来ヨリ不動産土地及財産ハナシ

以上

寺有建物廢棄處分許可願

今般左記ニ依リ當寺有建物廢棄致度候ニ付御
許可被成下度此段願上候也

昭和十一年九月二十一日

全羅南道高興郡占岩面聖基里參七番地
楞伽寺
住持 金栽善

朝鮮總督 殿

左記

一、建物ノ名稱及所在地並ニ坪數

當寺内萬景庵　坪数三六坪

一、廢棄ノ事由

自然腐朽使用ニ堪エス倒壊ノ虞アリテ何等由緒

ナキモノニシテ保存再修ノ要ナキモノナリ

一、廢棄建物用材ノ處分方法

材木ハ腐朽利用ノ途ナキノ廢毀燃料ニ供ス礎石ハ

自然ニ放置シ瓦ハ當寺内大雄殿修築ニ使用ス

社教第三四號

全羅南道高興郡占岩面
楞伽寺
住持 金裁善

昭和十一年九月二十日附願左記寺有建物廢棄處分ノ件
許可ス

昭和十一年十二月九日
朝鮮總督 南次郎

記

建物ノ名稱 建坪
萬景庵 三六坪

以上

楞伽寺史記

寺有財産滅失届

當寺有財産左記ノ通リ滅失致候ニ付此段及御
届候也

昭和十二年一月六日

全羅南道高興郡占岩面聖基里参七〇番地

楞伽寺

住持 金裁善

朝鮮總督 殿

左記

一、燒火年月日

昭和十一年十二月九日

一、名稱 種類 數量

當寺有建物 萬景庵 建坪三六坪 一棟

一、事由

昭和十一年十二月九日社教第三四號許可指令寺有建物廢棄處分ニ依ル燒火

寺有財産燒失届

當寺有財産左記ノ通リ燒失致候ニ付此段及御届
候也

昭和十二年十二月二十四日

全羅南道高興郡占岩面聖基里三七〇番地

楞伽寺

住持 金裁善

朝鮮總督 殿

左記

一、滅失年月日
昭和十一年八月二十七日
一、名稱　種別　数量
當寺内建物　冥府殿　建坪九坪七合　一棟
一、事由
右冥府殿ハ二十数年前ヨリ葺瓦損傷及木材腐蝕等ニ依リ雨漏ヲ来シ倒壞ノ虞有之タルヲ以テ大正十三年中ニ十王像ハ當寺内大雄殿ニ移シ安置シタルニ偶々本年八月二十七日ノ暴雨ノ伴ヒタル颱風ノタメ遂ニ倒壞セルヲ以テナリ
特別保護ヲ要スル建造物ニアラス尚原状ニ回復ヲスル必要ヲ認メス

寺有財産目録誤謬訂正届

當寺有財産目録中左記ノ通リ誤謬有之候ニ付此段

及御届候也

昭和十一年十一月二十四日

全羅南道高興郡占岩面聖基里三七七番地

楞伽寺

住持 金裁善

朝鮮總督殿

左記

一事由

當寺有財産目錄建物部ノ中冥府殿木造瓦葺建坪九〇坪七合トアルハ其實際建坪九坪七合ノ誤謬ナリ

楞伽寺史記

寺有貴重品讓與許可願

今般左記ニ依リ當寺寺有貴重品讓與致シ候ニ付御許可被成下度此段願上候也

昭和十三年一月十日

全羅南道高興郡占岩面聖基里

楞伽寺

住持 金栽善

朝鮮總督 殿

左記

一、貴重品

保管原簿番号	名称	種質	數量	備考
一一	十大王	木体塗粉	一〇	現大雄殿安置

三九

一二	道明尊者	木体塗粉	一	現大雄殿安置
一三	無毒鬼王	仝	一	仝
一四	判官	仝	四	仝
一五	录使	仝	二	仝
一八	使者	仝	二	仝

一、讓與先

大本山曹溪山松廣寺

一、讓與ノ事由

此ノ佛像ハ慣例ニ依リ冥府殿ニ奉安スベキハ本寺ニ於テモ當然ナリシモ中古一時ニ當寺ノ寺運ニ困リ元之ノ佛像ヲ奉安セシ冥府殿ノ頽廢倒壞シタルヲ重建回復シ能ハズ佛像ノミヲ本殿タル大雄殿ノ一隅ニ

手
移安シタルモノニシテ之ハ寺刹ノ規格並又尊嚴保
持上ヨリ拜觀スル時此ノ奉安當ヲ得ザル所甚シキ
ヲ以テ之ガ奉安ヲ正然ナラシメントスルガ為メナリ

社教第二三號

全羅南道高興郡占岩面
楞伽寺
住持 金戴善

昭和十三年一月十日附願寺有貴重品讓與ノ件許可ス

昭和十三年三月一日

朝鮮總督 南 次郎

寺有財産燒火届
當寺有財産左記ノ通リ燒火有之候ニ付此段
及御届候也
昭和十三年三月二十六日
全羅南道高興郡占岩面聖基里三七番地
楞伽寺
住持 金 鼎 善
朝鮮總督 殿
左記
一、燒火年月日
昭和十三年三月二十六日

一、名稱種別 數量

名稱	種別	數量
十大王	木体塗粉	一〇体
道明尊者	仝	一体
無毒鬼王	仝	一体
判官	仝	四体
録使	仝	二体
使者	仝	二体

一、事由

昭和十三年三月十日宗第二三號許可指令ニ依リ
全羅南道順天郡松光面松廣寺ヘ讓與ニ依リ
減少

寺有貴重品讓與許可願

今般左記ニ依リ當寺寺有貴重品讓與致シ候ニ付
御許可被下度此段願上候也

昭和十四年五月二十四日

全羅南道高興郡占岩面聖基里
楞伽寺
住持 金栽善

朝鮮總督 殿

左記

一、貴重品

保管原簿番號	名稱	品質	形狀	寸法	數量	備考
四	觀世音菩薩	木體塗金	坐像	高一尺六寸五分 幅八寸	一	大雄殿安置
一六	童子	木體塗粉	立像	高各一尺七寸 幅各七寸	二	仝
一七	童子	仝	仝	高各一尺六寸 幅各六寸五分	七	仝
二七	童子	仝	仝	高九寸 幅六寸五分	一	應眞堂安置

一、讓與先

大本山曹溪山松廣寺

一、讓與事由

本佛像ハ本寺元巨刹ニシテ佛殿堂宇ノ棟數多數アリテ佛像モ亦多數奉安セシヲ中間一時ノ火災ニ因リ佛宇等ノ建物ヲ燒失シ佛像ノミヲ本殿(現大雄殿)ニ移安セシモノニシテ本殿ハ本尊タル釋

迦牟尼佛像以外ノ多数佛像ヲ奉安スル必要無
之ノミナラズ今般讓與ヲ爲シ受ケントスル者ヨリ移
安致度旨ノ申込有之ニ付之ニ應ジ讓與セントスルモ
ノナリ

全羅南道高興郡 占岩面
楞伽寺
住持 金栽善

昭和十四年五月二十四日附願寺有貴重品讓與ノ件左記ノ通許可ス

昭和十四年七月八日
朝鮮總督 南次郎

記

一 讓與セントスル貴重品
觀世音菩薩 外十體

一 讓與先
松廣寺

以上

寺有財産減少届

當寺有財産左記ノ通リ減少有之ニ付此段及御届
候也

昭和十五年一月十三日

全羅南道高興郡占岩面聖基里

楞伽寺

住持 金藏善

朝鮮總督 殿

左記

一、減少年月日

昭和十五年一月八日

一、減少財産

保管原簿番号	名	品質	形状	寸法	数量	備考
四	観世音菩薩	木体塗金	坐像	高一尺七寸五分 幅 八寸	一	大雄殿安置
一六	童子	木体塗粉	立像	高各一尺七寸 幅各七寸	二	仝
一七	童子	仝	仝	高各一尺六寸 幅各六寸五分	七	仝
二七	童子	仝	仝	高九寸 幅六寸五分	一	應真堂安置

一、事由

昭和十四年七月八日附讓與許可指令ニ依リ全羅南道順天郡松光面松廣寺ヘ讓與シタルニ由ル

寺有貴重品讓與許可願

今般左記ニ依リ當寺有貴重品讓與致シ候ニ付
御許可被下度此段願上候也

昭和十四年五月二十四日

全羅南道高興郡占岩面聖基里
楞伽寺
住持 金戴善

朝鮮總督 殿

左記

一、貴重品

保管原簿番号	名稱	品質	形狀	寸法	數量	備考
二	毘婆尸佛	木体塗金	坐像	脊高四尺 胸巾一尺六寸	一	大雄殿安置
四	觀世音菩薩	仝	仝	仝一尺六寸五分 仝八寸	一	仝
六	仝	木体塗粉	立像	脊高一尺三寸五分 幅六寸	一	仝
七	大勢至菩薩	仝	仝	高一尺五寸五分 巾六寸	一	仝
八	阿彌陀佛	木体塗金	坐像	仝三尺一寸 仝一尺五寸	一	仝
一〇	地藏菩薩	仝	仝	仝四尺 仝二尺	一	仝
二六	使子	木体塗粉	立像	仝四尺二寸 仝一尺五寸	二	應眞堂安置
二七	童子	仝	仝	仝九寸 仝六寸五分	一大	仝
二九	釋迦如來佛	木体塗金	仝	仝二尺 仝九寸五分	一	仝

一、讓與先

大本山京畿道廣州郡彥州面三成里奉恩寺

一、讓與ノ事由
本佛像ハ本寺元巨刹ニシテ佛殿堂宇ノ棟數
多數アリテ佛像モ亦多數奉安セシガ中間一時
ノ火災ニ因リ佛宇堂等ノ建物ヲ燒失シ佛像ノミ
ヲ本殿（現大雄殿）ニ移安セシモノニシテ本殿ハ本
尊タル釋迦牟尼佛像以外ノ多數佛像ヲ奉
安スル必要無之ノミナラズ今般讓與ヲ爲シ受
ケントスル者ヨリ移安致度旨ノ申込有之ニ付
之ニ應ジ讓與セントスルモノナリ

全羅南道高興郡古岩面
楞伽寺
住持 金 裁 善

昭和十四年五月二十四日附願寺有貴重品讓與ノ件
左記ノ通許可ス、

昭和十四年七月八日
朝鮮總督 南 次郎

記

一 讓與セムトスル貴重品
毘婆尸佛 外二十四體

一 讓與先
奉恩寺

以上

寺有財産滅失届

當寺有財産左記ノ通リ滅失有之候ニ付此段

及御届候也

昭和十五年一月十五日

全羅南道高興郡白岩面聖基里

楞伽寺

住持 金戴善

朝鮮總督 殿

左記

一、滅失年月日

昭和十五年一月八日

一、焼失財産

保管原簿番号	名称	品質	形状	寸法	数量	備考
二	毘婆尸佛	木体塗金	坐像	脊高四尺 胸巾一尺六寸	一	大雄殿安置
四	観世音菩薩	仝	仝	仝一尺六寸五分 仝八寸	一	仝
六	仝	木体塗粉	立像	脊高五尺五寸五分 巾大寸	一	仝
七	大勢至菩薩	仝	仝	高一尺五寸五分 巾六寸	一	仝
八	阿彌陀佛	木体塗金	坐像	高三尺一寸 巾一尺五寸	一	仝
一〇	地蔵菩薩	仝	仝	高四尺 巾二尺	一	仝
二六	使子	木体塗粉	立像	高四尺二寸 巾一尺五寸	一	應真堂安置
二七	童子	仝	仝	高九寸 巾大寸五分	一六	仝
二九	釋迦如来佛	木体塗金	仝	高二尺 巾九寸五分	一	仝

楞伽寺史記

一、事由

昭和十四年七月八日附寺有貴重品讓與許可指令ニ依リ大本山京畿道廣州郡彦州面三成里奉恩寺ヘ讓與シタルニ由ル

朝鮮國全羅道興陽縣八影山楞伽寺事蹟碑銘 并序

通政大夫弘文館副提學知製敎兼經筵參贊官春秋館修撰官 吳遂采撰

嘉善大夫司憲府大司憲 曹命敎書并篆

山在國之南高興治之東面傑然臨大海者曰八影盖與智異月出相雄長而其靈蹟之著聞於世尤多焉山之南舊有大伽藍號普賢菩賢寺乃今之楞伽也山之僧透明走千里謁余文爲記區區七返而益勤曰吾寺作於東晉義熙十三年新羅訥祇王之三年即我東方祖師阿度和尚所經始者去今蓋千三百有

餘年年其間国革有不得詳及壬辰火于倭寇寺
遂廢不復　皇明崇禎甲申歲有正玄大師歸
碧川者結夏于方丈一日夢有神僧告曰丈夫生不
能為佛亦當為大功德以弘我宗風天竺之南有
所謂楞伽山者我東八影亦国之南也有其取象焉玄
異之謀於其師碧巖遂與廣堀師性觀等得寺之古
址於山之陽棲是稍墟以其十一靈區募檀緣鳩財(材)工
大聚師衆之告之曰凡我有徒凡廟殿寮像繪塔
劫廚庵以及鐘魚之閣各率乃力攢則有大業大衆
咸奔走用命不十年功告成凡為庵者二十有奇之至

有爲七仞者浮圖鱗比流丹露綺瓌麗之觀冠于一
邦名之曰楞伽蓋取諸夢也後師滅度其法敏淨然
軒尚機之流追師遺旨拓門塞加丹墨益(盖)大之新之
百用咸備至于今爲盛嗚呼自阿度以來千三百年之
間其成壞(毀)蓋不知其幾而皆湮滅不傳計當日制作之
宏又必有盛於今而亦卒爲狐貍麋(鹿)豕之隣欸我其後
佛而不可得之則又安知今日之盛不復爲狐貍麋(鹿)豕之都
也吾甚懼之然廢興命也不可以窮力也若吾師夢神
今承祖徽大施願力卒復以觀其功德之大有可以垂者
劫之不已於湮滅不稱者其不在我歟我用是爲記願公

有以文之余笑曰明而家以四大爲幻色以天地萬物爲泡
漚變滅之况於區區之所 名乎名稱猶不可有又安用夫
寺蹟之記不記耶汝涯我之我之惑也我又涯之爲之文
亦豈非大悲願雖八影之爲名嶽之鎭我南服又有名
師迭作後先經度靈宮克壯用能羽翼我邦埜則
用志勤之厥績茂此亦可書也已遂明顯古有文稱自
號松岳道人云銘曰
八影之山 鎭我炎徼 扶輿磅礴 在羅之世
南海爲第 方丈與大 靈氣攸萃 龍宮爰據
誰其作之 是弘法力 浮出萬柱 宏瓌之觀

有覺阿度 東派之祖 羽翼之翬亢 甲于南維
龍蟯大劫 福地乃墟 成壞有因 神有今換
火于島夷 大衆同悲 乃發玄師 巖公相之
即山之陽 狐腄遁藏 金珠有熌 崖壁動色
爰得其旧 乃啟乃宇 一復前覲 天人大歆
莫曰而敎 壯茲功施 臨歷溪濵 是曰佛力
維王于寂 淩我疆域 鯨魚帖伏 二師並躅
功大心勤 載之貞珉
惡有無像 永詔于祀
南宗十八世 二百四十九年前 一四九戊寅
崇禎紀元後再庚午 月 日立

碑陰 肅宗十五年

我 聖上卽位之己巳秋僧統雲公與諸公會余曰
今之楞伽卽古之普賢也阿度權輿於山之陽兵燹
火碧川廣熙起度於山之北禪刹移新前後相從
伯仲之塤篪蓋是仁義之域吉祥之壤豈以龍象之
淵藪檀那之福地也然尚闕紀德之貞石恐爲躅
曠晦后之來者蔑得而聞今日吾儕寧免其責乎肆
命聰衍老幹其事通政寬(覺)管錢財僧統公鑒其
役戊辰夏鞭石于嶺南己巳春請松岳道人得吳
學士所撰事蹟之碑銘遂以明年鐫諸貞珉者其

爲石背之記余辭不獲已索筆書之曰昔太史公
既爲孔子作世家又著七十子之事編於列傳茲之
名山庵之學士果甫作左漢(溪)湛然禪師之碑陰又
書受業身通者三十有九縉紳先生高位名士居體
受教者數十于石背之左則碑陰之記非今刱見技(我)本
寺雲本孫巨擘芳卿此石之始終一一付書于石背
之左云爾

影海沙門　若坦記
溟沠　金師國書

寺刱施主秩

都願堂大施主 承訓郎 安之尹

宣傳官 安之亮

通政大夫 金德大

崇禎大夫户曹判書 李廷濟

水軍節度使 閔應騫

水軍節度使 南瀗

水軍節度使 李暉

通政大夫前成安郡守 宋謙

通訓大夫前縣監 申湜

通訓大夫前縣監 洪璉
通訓大夫前縣監 李徵穆
通訓大夫行縣監 朴良藎
前僉節制使 柳坦然
前僉節制使 朴增元
前僉節制使 朴興元
前僉節制使 尹相殷
禦侮將軍訓鍊院判官 陳廷華
通政大夫行僉節制使 林枝重
行呂名萬戶 宣翊邦

前叅奉 宋磬
幼學 林檍
幼學 林集
幼學 丁炯
嘉善大夫 洪重立
嘉善大夫 裵洼弘
嘉善大夫 鄭看巖
嘉善大夫 金三萬
嘉善大夫 韓俊出
嘉善大夫 尚宗

嘉善大夫　色雄
嘉善大夫　敬琳
嘉善大夫　登雲
通政大夫　學湛
一軒
大雄殿化主　廣照同日
別座　琮湜
佛像化主　英惠
金化主　信熙
天日
一岑

新改金魚後佛幀化主 聰演 錦卓衣化主 信熙
別座 湛敬 許侍化主 雷智
多法堂丹青化主 惠英 八相殿化主 柏庭性聰
別座 明印 斂淨
後佛八相幀化主 信益 佛像化主 太炯
別座 雄智 別座 自炯
應真堂化主 尚宗 後佛幀化主 震炯
別座 懷益 別座 戒益
佛像十六羅漢化主 尚機 中壇使五路幀化主 惠英
別座 梵日 靈山殿化主 宗眼

佛像後佛幀化主 坦溢 各房畫佛幀化主 栗廷桂

別座 若性 鄭世喬

十王殿化主 信贊 掛佛幀三莊幀化主 安甫秀演

別座 梵日 義軒

上像化主 天月 別座 敏淨

別座 勝文 大帝釋幀及重答恪化主 融淨

改像化主 永閑 別座 竺元

別座 斗演 一柱門上樑經化主 冠海

香炉殿迎請臺化主 信悟 別座 巨休

新建正門別座 慈旭 解脫一柱兩門別座 湛允

大樑綱主 碧川正玄
別座 天佛
金剛神別座 察英
拈頌說話板開刊化主 雪岩秋鵬
別座 煋日
重建及冥府殿化主 賛云
別座 自謙
天王門化主 思閑
別座 懷益
錦綵漆青綠長務化主 海覺

金鍾化主 護海
重鑄別座 順侃
都監前僧統 義軒
鞍笠化主 守堅
別座 琳暉
玉燈化主 天日
守印
香爐殿化主 信鑑
別座 雪淳
寺中事有功 空典

新刹重刱主 乃淸 文殊殿化主 善雲

都監 善云 普賢殿化主 性哲

応影寮化主 宗演 禪心殿化主 行悅

元興寮化主 靈浩 養真堂化主 大智

解仁殿化主 弘正 究柏寮化主 宥堭

僧堂化主 明順 永興寮化主 梵日

禪堂化主 規俊 重建化主 自和

金華殿化主 思馬 觀風也雨寮別座 三學

法雲殿化主 昊添 明月送月兩寮化主 良運

清河堂化主 那衍 垗亭殿翻主 天日

妙寂堂勸主 思馬
汰金啟塑 守林
複鍊堂化主 寶玄
翁景庵化主 信熙
一岑
別座 信湖
浮屠殿化主 宥澤
別座 通詳
毘盧庵勸主 瑞門正玄
圓覺庵自備主 宥堤

證覺庵化主 聰衍
石門庵自備主 勝學
水月庵化主 瓊閑
西不思庵化主 梵日
羅漢殿化主 雪玄
東不思庵化主 行悅
妙覺庵化主 幸哲
雲達 聰衍
地藏庵化主 惠英
歡喜閣自備主 勝學

大禪師 菩提 大禪師 達明

大禪師 慧玄 大禪師 幹琦

前鄉秩

善覺

善云

竺善

竺元

寶丞

斗和

乃清

碑銘施主秩

大施主嘉善 寶兼　嘉善 正元

湛敬　能學

能益　訥俊

通政 神覺　善察

乃清　通政 正休

嘉善 翰摠　夏嵓

證淳　嘉善 快密

通政 聖察　建明

玭奇　雄運

幼學 宋東覲
金麗龜
前巡將 林泉坤
幼學 金聖曺
嘉善 演卞
竺善
建鵬
釈羽
嘉善 金渼昧
通政 姜北實

泗宗
巨稱
斗和
嘉善金貴善
金錫載
通政 諸尚輝
折衝 朴震昌
嘉善 鄭時康
同知 金麗河
愛還

竺雷
重玉
近鵬
斗湖
出日
最平
富明
厚述
曉岑
九訓

巨鎰
比鵬
富贊
竺欽
獨卞
本明
雷習
喜天
彩眼
重聖

遇英 好雄
出森 發雲
守英 日信
會善 富善
大堅 陟善
益淳 奉朝大夫黃潤身
永贊 嘉善(道改) 時善
存碩 為師 幻行
近學 嘉善 竺色
此仁 鄭應和

厚益 崔世三
覺摠 黃以清
見摠 文起奉
永輝 劉次葉
頓察 信明
廣雲 貴還
閏行 策卞
寧天 頓覺
錦和 吳達才
見眼 劉遇良

丁龍 爲母 厚清

南漢南壇寺

慶尙道昆陽多率寺住持 月澄

公員 妙寬

首僧 和日

三補 孟鵬

棲鳳寺住持 就淳

公員 曉元

首僧 若性

三補 孟欽

本寺三綱
首僧 宋性
三補 證岑
持事 慕冠
書記 發雲
坐司 泗宗
監典 敏文
公員 斗和
嘉善住持 竺善

緣化秩
刊刻 元興富 京居

翁淨
玉澄
偉淨
建云
金碩才 永居
厚平
供養主 建初
此天
福寶
守元

石工 崔尚雲 金起必舡
金啓屋
弘察
雅軒
卓天
隱悟
弘俊
致輝
李寶用
冶匠 德貴同

書記 永善

化主 聰衍

別座 神覺

都監前僧統 善云

二百大衆共力成功

興陽縣八影山楞伽寺大法堂重建上樑文
乾隆叁拾叁年戊子三月念一日大法堂化士陽
谷大禪師稔圭別座　訓大都監永和等使
都料匠玄淨試舉脩樑而爲之詞曰
南無佛陁耶海東南有八影山　引甄越於
南無達摩耶八影北有楞伽寺　望帝京於
海上　玄武朱雀翺翔而後前　實雄盤之巨
雲間　龍驤虎驟踊躍而左右　乃秘慳之寶
刹　寶鷁之蹟茫茫　雖年紀之寢遠　法興爲
坊　沿革之緒杳杳　按前錄之可尋　阿度創

君制律條之燦燦 閑梱李於雪冬
法現神化之班班 劇慶林於禁掖 于斯時也
七大伽藍三千禪補五百禪刹億萬獨齋次第
建立郎我八田山普賢寺東西不思議庵乃其
遺躅之一也 爰有大士 夢梵僧於方丈神人
厥號碧川 占福地於高興大檀
獻議 改八田揭八影
許塏 然則崇禎甲申歲 移普賢爲楞伽

者只惟我碧巖上足碧川大師歟　自此以來
靈衲繼出
僧範邁古　影海老之考筆分明　略提始終
禪蹤超今　吳學士之石言備載　不復縷書
盛極衰侵　青鷄孟冬忽貽烟燦之灾
吁至往泰繼　土鼠仲春終脩重建之役
方伯洪公(樂仁)之斗護有力　營檀財於千村萬家之
水使尹侯(煕東)之顧助居多　歷勢變於火狗赤猪之
風　衆心无非可轉之石　定局分司衆務成列
運　立功何殊成毬之毛　勞筋苦骨一般無懸

化主別座之功 次第記於後錄 短唱先成
都監住持之號 不復煩於預呈 修樑宜擧
今當三春之日
試吟六偉之歌
抛樑東 方丈蓬萊青一髮
鷲嶺錦山指顧中 鈞天廣樂互相通
抛樑南 坐得巡城當日事
湘水九疑看似藍 何煩饒舌問前三
抛樑西 何處千燈光不滅
雲外青山散不齊 金烏墮落稱全提

拋樑北　若道盧能空手來
齊淂青山與紫陌　黃梅何事衆人覔
拋樑上　平生莫願羽衣人
天孫昨夜人間降　散入輪田舞所往
拋樑下　地府龍宮無鑢乎
彈指因明底處舍　獻珠童女向南駕
伏願上樑之後　風移俗易　叢林之風雅再興
禍去福來　盡界之光景重煥
僧作祐世之眼目人〻海〻珠
神爲護法之金湯介〻寶杵

默庵大禪師最吶撰

山中大德秩

大禪師栢坡堂幹猗
大禪師影波堂咸寬

化士秩

化士大禪師陽谷堂稔畦

首座 泗宗
印海
再閑

本寺秩

慕覘 太守 昌悟
見豁 今才 昌寬
見揔 性百 寔和
應訓 得昌 寔元
原華 覺善 寔仁
原玲 頓覺 咸清
應寬 見寬 寔輝
印瑞 呂安 雲龍
帶訓 念还 裴真
寂性 帶玲 命采
寔俊 就覺 此言

大功德主金光述
　金持行
前別座　永贊
都監　永和
別座　富訓
時住持　奉閑
時公員　近淑
　前啣秩
竺元　贊性
神覺　斗湖

喜善　妙信　樂信
就華　祥信　帶敏
義贊　建卓　就寬
果彦　寔贊　愼守
昌玉　愛淨　妙性
品天　品隆　理云
享孫　得宗　念元
赤談　大善　理淸
尺善　德云　帯益
靈允　今年　念學
策淳　景善　致淨
能學　善興　道淨
見安　咸贊　愛札
尊仁　品札　愛學
咸贊　昌海　享札
張福龍　昌覺　厚積
寔云　法寬　有璘　善璟

建揔 竺雷
貴和 竺欽
永華 會善
慕一 巨元
永善 巨还
近淑 月岑
錦華 巨谿

老德秩

巨守
斗澄

咸一
樂寬
義元
法清
守溪
白一
平信
妙和
日信
小近者味
昌仁
景淑
侑元
昌云
太淳
樂閑
品性

德孫
談龍
靈岑
尺談
道閑
朗訓
就仁
咸淳
此閑
厚學
七玲
萬昌
近明
錦色
喜雲
淨和
淨礼

弘益
致積
礼明
念淑
義性
念信
常信
理訓
義訓
法淳
大門
桂鳳
茂龍
東澤
德成
善甫
玉光

此閑
出日
出善
最閑
訂岑
緣化秩
都片手 禪淨
次片手 機玄
永閑
供養 敎祥

致甲 呂才 淨 寂寶 品淑 昌訓 寂敏 昌珍 法賓 義華 就侃 理天 念訓 淨明 策信 能安 建梅

昌善 德奉 成性 成信 昌彥 品策 常閑 致仁 見清 幻善 策元 右明 德起 長百 晉太 太重 德守

日孫 春芳 湛重 成摠 寂訓 呂天 法珍 演龍 淳孫 錦性 就善 義賢 法訓 呂摠 昌明 寔摠 寔清

大演　亘師 咸尺
玉淨
勝惠　上樑普施
望真　豆原田理彪 白布十三尺
就淳　女息 十三尺
三綱
理和　南悦里 姜汝寬 白布一疋
書記 邑一　寒山洞 劉氏 白布三十尺
工匠秩　通政大夫 神覺 白布一疋
都片手 禪淨　錢文五十両 本寺各人等善施
太允

意敏
貽玉
野斥手徐順奉 真哲 世日
朴太佑 性察 林漢明
益惠 性賛 貴圖
孫有千 德呐 允还
國明 華淳 性俊
欽淑 華心 楳德九
震熙 頓和 黃順太
曰雄 道占 活悟

萬淳 清益 梵日
起玄 孫德建 世文
心寬 道元 惠文
致还 淨愼 鉅刀斤手
出卓 道暉 金哥
文德稀 活云 朴哥
秋性 賴还 文哥
活演 勝元 嗜匠斤手
天活 甫信 治正洪聖得
堯清 永閑

楞伽寺大雄殿重修上樑文

同治二年癸亥三月日棟樑頹落故山人奇城堂
俊如　碧梧堂雪巖堂慨慷其志可惜前功勸
慕諸衆如干錢穀收合諸髡改修棟樑上樑于
四月初一日以為後人之觀感也

化主秩　奇城俊如
碧梧舜英
雪巖喜沾

斤手秩　定日
性元

時任持 覺玄

時持殿 順英

賢正

書記 瑞謙

時大衆 四十名

楞伽寺爐殿上樑文
人天界聖賢之上釋迦
山水間率土之中八影爲㝡 石室雲扃是鬼秘之
靈域 物外烟霞 峰巒峻高 還同商山之
閒中光景 澗谷增彩 宛若武陵之
絕勝
昔者崇禎紀後甲申 碧川大和尚創佛
秀奇 廣熙大禪師造法
守僧寮三百之伽藍 嗚呼痛哉 歲在丙戌
身報身丈六之尊像 泰去否來 節屬十月
之年 豈意靈山之勝景 非神祇之不臧

之初 遽罹回祿之毒災 惟丙丁之無賴
佛座露地月慘天愁 緇髡泣血悲無祝釐之
僧居餘灰山哀水咽 黃冠灑淚恨乏稽首之
坊 今則 否去泰來 化士陽谷東禱西乞僅
所 方營重建 副化諸公南懇北丐亦
得半千之金 始役於赤猪之春正 豈特人力
聚數百之財 告功於黃鼠之夏初 必是神祇
之能為 為九山之功已就
之所護 舉脩樑之頌宜興
樑之東
綉闥初開欹枕看

鼇背青螺擾遠空 震方高日半山紅
樑之南 遥望南溟寛幾許
鵬背風高萬族涵 長天雲闊海如藍
樑之西 忽見瑤池青鳥使
萬仞雲嵐一眼低 相含花蘂上天梯
樑之北 玄冥旺在渺茫間
窮陰漠漠迷辰極 擧目惟看山水縈
樑之上 五彩雲光通內外
帝德神功一氣行 四時物換變生長
樑之下 豈惟壯麗輝山門

諸神來賀新成廈　應使人間蒙佛化
伏願上樑之後　更無天文之錯行　御雲甘露
永有地理之順序　岐穗靈芝
自天而降　佛日增輝與日月而齊映
從地而出　法雲廣布將水雲而普潤
化士諸員之功歷千劫而不古　渤海變作桑田而
都監別座之德亘萬歲而將今　蜀山裂為拳石而
化緣之功不泯　海渴石爛
施財之福難消　此殿巋然
乾隆三十三年戊子竊月會魄白波澣琦　序

八影山楞伽寺天王門上樑記

夫難佳刹之創建乃甲申順治之元年 偉矣
盖天王門之設立於康熙丙午之四月 當時
安之尹兮洪申立 日居月諸瓦解棟摧
寺基主與大檀那 上雨傍風朝不慮夕
昔運將回幾登衆人之吉端 愡百務而不日
今緣且到爰發重修之信本 屆四體而指期
成之秋坡大禪師之功光 巧以公輸之妙
應之大衆共勤勞之慈力 更加大夫之良
者孫兮慕運令啓 猶添行客之歡喜

黃龍兮古門、新修　何況主王之不然
白蓮精舍東林遠法師之高情　乃依歸
碧雲幽居西岳休上人之清致　即彷彿
古人之形容　无央翼之蔽且休
今日之影響　螮蝀腰之橫可攀
樑以拋兮向此東　光風習々吹未拂
金鷄啼送日輪紅　花灼鳥喃草綠同
樑以拋兮向此南　綠陰郁々江山富
五絃曲裏解民愠　訪善百城半百三
樑以拋兮向此西　斜陽反照奇觀得

一隻青鳥爲誰啼　蕭〻送鴈下長沙
欏〻抛兮無憂业　詭光物貨財天門
七魁斗星回只尺　人傑地靈那有極
欏兮抛此藍田上　高懸日月古今明
聊無一點浮塵埃　鐵圍山間胡不徃
欏兮抛此人間下　八寒八熱可憐徒
地輪之次金輪也　盡是當年非法者

本寺帙

大禪師幻海法璘　大禪師春坡惠圓
大功德主嘉善有玄　大禪師影峰奕諒

大禪師龜巖定連
時佛尊 長璹
萬玶
時都監 得淳
老前啣 普旻
前啣 鳳璃
片手帙
都片手 梁有宅
金命孫
梁有孫

舊都監 敍寬
通政 設訓
舊都監 德玄
舊都監 典淑
時公員 禮信
時助使 平日
徐大用
朴起雲
金達濟

緣化帙

供養主 萬正

前創天王門化主信讚 伊哲

幻海門人影潭冠璟謹稿

道光四年甲申三月二十三日蛇時

筆沥踊如日時二十一

冥府殿

康熙四十二年 竹敏

道光二年壬午國三月初四日 重建

化主蕭重創主 秋坡堂養初

施主秩 嘉善大夫 有玄

通政大夫 設訓

影峯堂 奕諒

秋坡堂 善初

叙寬

定連

德玄

典澈

係岑

善敏

壯心

允聰

韜性　禮信
儒閑　萬定
檀越鄭如淳

山中大禪師

幻海堂法璘　有閑
春坡堂日原　幸日
影峯堂奕涼　潤淳
秋坡堂養初　智日
影潭堂冠璟　演洪
初一　起俊
普訓　平日

前節秩

嘉善大夫 有玄

平學 祐定

善休 敏法

正心 敏學

普旻 淨淳

允聰 鳳相

孟岑 默連

德連 默允

善性 萬洪

山中老少秩

萬成
眼察
振益
眼昕
眼日
振玉
重日
長祿
時福
春文

風云
以元
文喆
振玉
達水
智宅
先萬
同光
二喆

緣化秩

總察都監 叙寛

供養主 黙允

萬正

一寺總攬都監 典淑

時書記 翰性

木手秩

都片手 梁有宅

副片手 金明孫

徐大用

梁有孫

新造成一如來六菩薩十六大阿羅漢二帝釋
二使者二童子兩金剛諸端嚴相記願
康熙乙丑六月日南閻浮提朝鮮國全羅道興陽
縣八影山楞伽寺比丘尚機發大願生大信募諸
檀那請諸妙工敬造
本師釋迦北東相與提花彌勒迦葉文殊普
賢首大菩薩及大阿羅十六帝釋二使者二童
二九菩左右金剛諸端嚴相奉安于斯山是寺
其造成始年自其年季春至四月夏末月圓
以此勝妙功德伏願結勝因前現世證妙果於

未來負報有窮非吾所仰佛果無漏是吾攸
求亦願檀那所施夥夥不分法界所生寃親
不別解天懸於道登佛法之一乘虛空有窮
此願無盡
十方諸佛同垂證明　時維
康熙二十四年乙丑六月日秀演記
懶思 謹書
主佛大施主 金載仁 一兩主
左補處大施主 勝學 靈鷲
右補處大施主 通政尚宗 比丘

觀音大施主 元葉 昊駕
觀音大施主 宥埋 比丘
迦葉大施主 通政色難 比丘
阿難大施主 洪申立 両主
第一尊者大施主 片富岩 片朔翠白 等
第二尊者大施主 金弘立 両主
第三尊者大施主 張多勿乭 張雇貴 等
第四尊者大施主 宥澤 比丘
第五尊者大施主 鄭詠善 両主
第六尊者大施主 通政處岩 比丘

第七尊者大施主
第八尊者大施主
第九尊者大施主
第十尊者大施主
第十一尊者大施主
第十二尊者大施主
第十三尊者大施主
第十四尊者大施主
第十五尊者大施主
第十六尊者大施主

金仁孝 兩主
嘉善盧俊發 兩主
通政 劉孟南 灵駕
清祐 比丘
張德南 兩主
朴善行 兩主
裵德弘 兩主
印玄 比丘
金種叱同 單身
通俊比丘盧英發 兩主等

左帝釋大施主
右帝釋大施主
盛案大施主
直符大施主
材木大施主
供養大施主
供養大施主
翠云 比丘
宋海敏 兩主

通政金重寶 兩主
黃廷秀 兩主
嘉善敬林 比丘
戒軒 比丘
都命立 兩主
張云海 兩主
朴氏乙生 兩主
通政申悟南 兩主
通政李成業 兩主
申克漢 兩主

正元 比丘
金汝世 兩主
布施大施主
通政梁時伯 兩主
朴德南 兩主
黃乭岩回
烏金大施主 朴義直 兩主
冠莊嚴無三餘施主
腹藏大施主
爲

趙漢弼 兩主
通政崔起龍 兩主
黃英達 兩主
黃乭岩回
梁漢国 兩主
丁氏業伊 兩主
金氏仁玉 兩主
梁氏得礼 兩主
嘉善宥文 比丘

通政 義軒 比丘 碩宗 比丘

燈燭大施主 高順信 兩主 金善弼 兩主

鉄物大施主 列邑甲 兩主

食塩大施主 姜得南 兩主

冠布大施主 宋萬崙 單身

寺中秩 正玄 靈駕

大禪師創建功德主 圓日 靈駕

信照 靈駕

大師 處信 秀演

老德

三綱

持寺
持殿
方丈

學徒
太澄
文

大知
信贊

書
三
首

六信
太訓
德玄
自和
霧和
義軒

金魚

首畫 政色難

道軒 菜善 雄遠

順瓊 楚平・文印

幸坦 得祐 戴軒

楚祐 徹玉

治匠 張東叱立

持殿 得俊

證師 玉念

緣化秩

別座 梵日

楞伽寺史記

供養主 雄澤 徹俊

來往 順保 自裕

懷千 幸總

行者麗鏡 木軍成任生

大功德主前行判 尙機 比丘

一一九

願文

康熙四十六年丁亥四月日敬造新塑像奉安於八影山

楞伽寺大道場也

讚曰

大悲願力返聞主
百福莊嚴金色身
綠楊階畔南巡子
翠竹岩前正趣臣

四智圓明周法界
六通恒照遍微塵
千載尚能留勝像
爲憐無限往來人

又

願我此身無將來
足知前劫種良緣

檀那施力因成像
懺悔焚香禮金仙

以此造功生淨土 分形塵刹々塵界
同希眷屬共遊蓮 大智興悲救世天
願佛大施主水軍節度使李暉氏 兩位
願佛大施主通政大夫 尚宗 比丘
村佐木大施主幼學金振白 兩位
供養大施主姜秀逸 兩位
供養大施主盧信敏伏爲母李氏兩主
供養大施主別將金繼讃 兩主
供養大施主劉碩伏爲母宋氏 兩主
供養大施主坦海伏爲亡母姜氏戒業靈駕

布施大施主嘉善大夫鄭碩岩 兩主
布施大施主宋氏伏爲亡夫金廷立靈駕與各村各
里大小各々結願隨喜同願同參施主俱生淨土
發願大功德主大師坦海 比丘
證明 行修 比丘
誦呪 淸日 比丘
坦聰 比丘
神日 比丘
持殿 信益 比丘
雕妙工 通政大夫 色難 比丘

幸坦
通政大夫 雄遠
一機
荷信
混平
大獻
善覺
夏天 比丘
緣化秩
別座 萬行 比丘
炊飯 淡瓊 比丘

寶彦
來往 淡諶
乾祖列座 瑩勤
治文 崔龍
首木 權明順
持殿 通憲 比丘
持寺 夏震
快彦
三綱 學堅
敬信
住持 太然

萬景庵上樑文

山號八田屹立鰲海之北庵名萬景大莊
嚴域之東普明律滋福之基俾衆生修
善之地世代茫然不記其創建之日事實
久矣益聞諸重修之時總累十者數千
餘年遡厥本則億萬斯歲鬼護靈異
蹟地秘名勝之區雖兵燹之燼餘尚塔廟
之遺在所貴者大慈大悲之道可願則普施
普濟之恩何今世根氣之昏微異昔人道術之
精鍊法筵久荒猶勘泰同之契道場今之廢

昧却修繕之功剝伴管籥頻更藍刼屢變
十方蓮花亂落風雨之界千江印月半沉塵
翳之中緇徒曠依歸之誠祇林寶幽閴之景
在僧道寧不愧赧揆鄉論亦云慨嘆惟彼一
二初心並與數三同志重修茲寺護茲不斷
積功之塔募緣者勸善者屬僉叫化之財
木石既備於八顯工匠咸趍乎四衆仍旧貫而
宜式不勞圭臬翻新制而量程歸付影臺
功了不日既僧徒之歡趍事無謚時若神
靈之來助同三乘而儼臨依舊極樂世界

閣八方而峻起元來大雄殿庭重室則丹霞
夾飛崇楹則碧峰齊聳壯哉如鷲山嶺之
靈隱巖歸也若龍山之淨土、方擧脩樑敢陳
善禱
兒郎偉拋樑東八角陵嶒八半空海上石船何
處自曹闌禪佛道寬通
拋樑南六鰲魚背上戴山三仙鄉不遠禪房外要
使觀音步海嵐
拋樑西天竺寺門路不迷極樂世界今在此衆生
何事不知兮

抛樑北漢陽基業萬年國太平謳俗鬧康衢
不識不知順帝則
抛樑上三十三天明界曠福善禍淫無不留宿
尊聞士慕而仰
抛樑下千江法水滔々灣傾來歡作田家雨五穀
登豐滿大野
伏願上樑之後休祥自至喜氣方騰許彌盈
欝闍梨繼承欽崇諸佛像出真僧於千萬歲
不虧不崩
咸豐之七年丁巳南堂居士金學成著

八影山萬景庵事蹟記

鰈城之南數百海之上有高興縣而高興之東有
八影山蓋名山而勝地也南方之山莫高於智異
以南山氣與水並駛湖南清淑之氣至於地盡
萃於八影矣儼踞海上跨扞沿海列邑之水口
俯瞰日本諸島而呂蛇兩鎮館轂左右翼我東
國南維之一鎮山也指山而眄焉則八角羅立清
秀氣像尖如刃架上干蒼空悅然金闕之色
孽而蟄於海隅如干名蹟雖載於勝覽而
靈異之蹟蘊秀之景罕闕於京華士夫之

筆蹤是可見也山之本號八田而昔後魏拓跋氏太和十八年山之形影遠照於魏主之盥見魏主異之圖厥山形廣求天下乃得此山始改山號曰八影以冰庵瑞錦綉出八影二字遣使付于本國自是以後仍爲八影山則山靈之神異山氣之秀麗大可觀矣山之中腰有曰萬景庵此萬景森羅之處而八影勝狀在萬景一庵也上有聖之一峰下有聖女之洞而金剛臺落霞臺羅列左右諸魔山嶺九龍洞環拱前後其他名物萬千其像也庵之南林跪白雲洞

楞伽寺史記

古有普賢寺昔東晋義熙十三年即新羅訥
祇王元年而西京異僧名曼殊阿度和尚之所
創建而此庵則普賢寺同時創建主庵也計其
年代則去今一千七百餘年耳世傳云普賢寺
三次移建其間事實有不得詳皇明崇禎
甲申歲有正玄大師號碧川堂自智異山來住
此山以普賢寺舊基重建于此楞伽寺而萬
景庵亦並立重建者也遠間名山中千年間
創建庵堂不記其數而今皆遺址而已此庵則
如大刹相始終至于今尚自如也莫靈祈世卒

鬼蔭神悍之蹟亦可想矣庵之創始蓋在義
熙年間而隋武帝大業元年乙丑再次重修唐
太宗貞觀元年辛酉山之釋碩仁三次重修皇
明崇禎甲申四次重修矣往哉壬辰兵燹之後
緇徒散落棟宇傾欹以若數千年古庵將至
空虛之境咸豐七年丁巳伽寺僧名淳卓如蹟
琦城堂與其法弟雪巖堂先出義捐一乃
心力募緣鳩財將乃重修訖功庵堂同治十
年辛未又發營立庵前喚仙樓不幸琦城中
道示寂噫彼雪巖不負初心繼其法師之本

意愈往愈遑趣明年壬申乃得了役而所費
幾至萬金棟宇之宏壯丹艧之燦爛侈於前時
而庵之成毁亦自有數而其間營立豈非先
師之信心所資乎先師遠矣不可詳其法行
今以琦城雪岩觀之規處功德出類於今世
之四衆而可承其先師阿度碧石川之事業也
余非迷於佛也特録其名山勝地大慈其琦城
堂雪岩功德遂為之記

癸酉春三月下澣南崗居士金學茂記

萬景庵羅漢殿重創勸善文

蓋念沙門闡法雲之界是迷生樹善之地道場隔刹塵之分即開士種福之基賴有大慈大悲之道尚多普施普照之訓粤昔貞觀之初年敍始楞伽古寺三乘因轉大雄於海東邦數千里十方俱登極樂於湖南地五十州肆法堂留重戒之地俾祖殿建說心之所何意風之累競遙逢塔之將傾金卓香爐半落壓經之中畫壁雕樑全失丹雘之朱剝使萬景之奇庵因於羅漢之廢殿緇徒無歸依之處

紺園寶靈異之蹟興廢勿壞信心許資造舊
為新功德是伏茲陳募緣之文庸乞呼化
之財伏願諸一大施主實出仁萠種得善根大
施金困劍山之患寧有毛道火宅之厄時期
如是如是之處莫非善哉善哉之德千萬
祝禱禪林更光佛日增輝

咸豐七年丁巳南崗居士金學蔵著

萬景庵續小記

壬寅十一月既望日余檢書於家中得一敗爛紙
乃吾先考南崗公所撰八影山萬景庵事蹟
記也讀之未終風樹之感油然於中而此庵之
年代始終風物之蘊秀偉觀一覽斯文瞭
然在前而當時雪山君之寫成一編俾作悠久
之寶藏矣往在庚子三月醉被回祿之災十
方世界貝葉諸經一無收拾而此文隨入於灰
燼之中余疑夫佛氏運水搬柴之妙法何不
試用於此而盡棟層軒勢若燎毛而爲一邱

嗟耶 天地間物理之有成有毁雖聖人之智
巧鬼神之秘機亦無如之何耳 逮至辛丑老
釋萬庵與圓華雪慈忍用悟期欲重建
鳩財聚工一年有半始訖其役而棟宇之雄麗
未及往時而房舍之羅絡井井似舊貫而只無
遺刃 然而世之談言於勝地者多矣而文者
獨傳故脩竹不甚於蘭亭片石堪誇於寒
山則此庵之缺狀事實之世處求覓都付空
寂者不歸於海上蜃氣之與泡花而消長耶
惟吾先考信筆藏在篋笥中十數年後

今將覩發者抑爲空門因果之妙用而何異乎如執左契而交手相付也萬庵僧之歸書贈一篇其將盟於佛而以身守之耶昔蘇學士東坡公以其老泉公所嗜四菩薩畫板付與惟簡僧而曰以爲先君捨也畫與文之殊捨一也此文之付授存乎我捨施之報應存乎佛佛其念哉乃敢續記焉

壬寅十二月將除日金鳳燦續記

萬景庵上樑文

述夫 碧潭月色詡氷輪之晦明 如是
紺園春光喜珠樹之敷彩 到彼
苦海 肆惟萬景名庵 何年卓錫久聞
慈航 夙著三昧靈境 此地布金蓋緣
異僧之神通 照盥之影八肇錫山名
法界之幽靜 演東之來三獨詣禪理
而咸豊改建 緬想雪巖之勤勞 惜哉
鬱否泰相乘 詎免風輪之回薄 憐矣
白鼠之厄 佛殿仙樓昆明之刼灰已冷

赤烏之灾 神壇僧室欝攸之餘燼猶存
嗟綿力之難施 仍舊貫而經紀基不煩
遂檀越而固濟 率羣工而勸趍制取適
於拓開 風欞再闢 松茂竹苞奚止橫
於奢儉 霧窓一新 山佳水麗已騰衆
眼之觀美 將見如來弟子之衍字而充堂
口之稱譽 應有拾得道人之見性而超世
爰倣張頌
俾助郢斤
兒郎偉拋樑東 玉筍金蓮千萬朶

勝觀都輸八角中　不徒姸媚與魁雄
兒郎偉抛樑西　度盡恒河沙刼者
極目紅塵望欲迷　聽經方許法遙躋
兒郎偉抛樑南　赤髭白足談玄處
曹溪一脉又雲嵐　兩地心香幾善男
兒郎偉抛樑北　五嶽名山思一遊
色卽是空〻卽色　若為化得身千億
兒郎偉抛樑上　滿眼兎龜紛角毛
化〻生〻恁底樣　誰人能得辨眞妄
兒郎偉抛樑下　留取圓光稱大千

昨夜東風花雨灑　一輪明月照王舍
伏願上樑之後　鷲嶺增輝　道場清淨六時
龍神護法　僧指蕃昌十方
之天樂長聆　與盖壤而共獘
之佛燈高掛　誓風雨之攸除
光武六年壬寅三月十八日戊寅
鳳軒畸人申昶模製

興陽郡八影山萬景庵重修記

曩余年十七八爲功令學讀書八影山萬景庵々
有老宿曰碧梧々之弟子曰雪岩儀觀炯然頗
解文字通禪旨而待余厚也每經餘香燼話余
書室中縱譚及山中故事曰茲山讓高於瑞石輸
奇於月出而雄渾傑特較長三十里所以著稱於
圖誌而其八峯雁行如魚貫拔立雲中各呈奇
態一曰儒影二曰聖主三曰笙簧四曰獅子五曰五
老六曰頭流七曰七星八曰積翠影之爲言一云金
鷄曉唱紅旭騰海則八峯倒落滄波中如印板

然故名之一云昔元魏太和年間峯影遠照於魏主額盥體訪得之肇錫嘉名此皆影子語也然魏盥照影金神現化吾佛者也濟之可乎 伽藍始於新羅訥祇王元年而為西京名僧阿度和尚之所卓錫是即今之萬景庵而古云普賢庵者也安養龍門兩寺為今楞伽若圓覺寮浮屠殿此皆碧川師之所經記而 皇明崇禎甲申者而萬景亦經四次改修迨夫清朝咸豐丁巳先師綺城堂更新之未知幾百年後繼有重修者否余黙而聽之乃曰東方無禪學其自謂

得道者類不過粉餙堂獄禍福之說鋪張人
變幻之術誑誘愚衆焉得捨施而已耳是以縉
生學士羞稱之子所言者無乃近是歟相視
一笑而罷未幾余下山又未幾樁入涅槃雪庵繼
化而楞伽浮屠日以衰敗圓覺先已廢而余則
謫墮塵網居然老白首無成慚負仙人之梅
頂禪宮錯歇轉盖堪哀而猶幸萬景巋然
獨存管得一塢白雲回想曩日讀書階樹之
腕已四十餘而眼前滄桑無復舊時欲望異日
者打疊俗魔扶冊登山了卻未了之債矣事乃大

謬庵宇灾於庚子之春燬成光地但見松暝鶴
迴於是一二閑士發願募緣越三年壬寅冬僅
得構完樓殿房廊廚湢一視前制而宏壯雖少
遜堅緻殆過之庵僧脫岩以余非生客於斯庵也
請記其事余觀今世界國漢文並用學日慶
而講堂輟而獨有佛宇之能新建也如此爲世道
重可感矣然八影游而未游萬景之讀々而未讀
一生耿々難忘今雖老且病居幾宿願可償茲
爲記以證山門

光武癸卯仲春 鳳軒散人申祖模記

楞伽寺史記

讀八影山菩景庵詠歸至陸故事序

維赤羊避月哉生魄余讀書八影山菩景庵粵在數
日有一老宿飄然飛錫強訪我喫茗如舊識然言及
茲山與佛學故事曰昔漢之明帝信其法而唐晉宋
之唐之憲宗迎其骨而禮之欽而以至於南朝齊梁之
王北朝元魏之君莫不欽崇魏君太和年間八峰古跡
魏盟收肇錫嘉名曰八影八影中起於瀛東橫脉北辟
蹤於中間一局四下計絶奇品性石磊然踞而豹蹲疊嶂
層巒然者弱而鸞翔是可謂天之慳地之秘而以現藏於
國德之其庵宿之名義則果其疑哉以庵號之山佳而水

一四七

麗晴好之雨奇來花之林葉風月於光雲魚鳥吞躍
飛走之泉石臺之烟霞大之八景細之翁像林之寺蕙々
岁隱之然顯之然若懸一大鏡於此物之妍醜淵纖無一
不照然坂云歟理哉然也願以臺旋復落若雜如豈亦
有命於之志於新羅誦王元年仍差爲西京河府和
尚之所見悟翁景庵卽崇若之舊賢庵古也營于清
初咸豐丁巳先師繕城堂及修之之之而經紀缅古涸今
非一非再未知其幾許百穗也哉上自白雲安峯龍門
三尊及居復下至楞伽總雖賢然獨存若法圖浮窟
浮屠廢先已廢之可勝然矣庚子庵守燒爲灰燼所

楞嚴慨惜者於茲有志矣庵僧晩巖僧中々有志者也
願爲檀越大小人負多以貨財措施垂惠故越三年生
寅名山々僧影月圓華等與晩岩師盟誓重修以其舊
址不僅少移一嗾地不多月而庵既落宿方布法鼓令
三千界諸衆生起心歸佛摧七慢々岳墳五慾々坑雲
岳明々雪洞含發々并而字々已熟去沐々以替水性
冥々已幾去脊々以慈悲成願植樂也余聞之笑曰
嘻經云中華及鰕東有佛學然叔季以後風尚務澤
攀也蓋禄々子所前之去荃甚冥案壬之爲叛竊今淫
古名庵何限云寧皆一度不復去由是也居僧也今晩

巖師重修那庵於八影山中使弟景之名復題於此書曰
昔堂皆攝喚巖者之那不亡於庶乎哉雖然將釋氏之
庵迹也繼釋氏之志也苟其其心經有庵猶其庵耶
然則何修而能使那庵長存也乎弟之儒學經生望
臨那庵來社禱禰甄拔需用補其國家則豈不昌且
大乎惟吾夫子栗谷李先生金剛之讀道園公周子
淮南之吟此可見矣披閱百載下想見其於上風儀標
余別有所感而嗚呼今余弱冠二三一介書生常欲一去
望臨以慰古人之懷亡耳淺志陋有意未遂久矣是夜
於吾同志一二讀書于此願名思義齋那庵之與子弟

楞伽寺史記

景物俱新是拆其陳不任有如此曲江々江諸僧乎欽念
哉宿唯々而退余雖藏聚是學粗禪一生常々難忘
尋生宦投罷群犀下山日遂呼登宿普明仍吹那時蹤
跡語塵流為序以付山中交乃結贈云曰海東有小
庵讀雜日二三松鶴謝門於杖鳩下山南木蘭飯鐘
歇葱嶺檣烟含桃秩不忍別更与做清談
隆熙元年丁未玉山腸史海洲柳重桃序

全羅南道高興郡占岩面八影山楞伽寺萬景庵重
修記念碑銘

八角有庵 粤自羅麗 僧念金佛
法侶所居 歷年千餘 鍾鳴木魚
往在庚子 善男種緣 戊申厄會
劫灰空墟 重修復初 靈光巋然
香桌烟歇 僉議大同 棟楠永安
蓮臺雨寒 仍舊修茲 溪山增輝
為刻石面
昭示後來

八影山下一農夫金相喜撰

施主秩

遏驛憲兵出張所長　久保又吉

通譯員　金在瑞

本郡守　崔承七

代書人　斤岡良平

光州郡守　金禎泰

郡叅事　金鏞泰

甲徹休

議官　宋哲浩

信女 朴雲娥

大本山松廣寺住持 李雪月

楞伽寺住持 朴錦晟

前住持 金圓華

監役員 慎寶潭

事務員 孫順敏

林孝順

金春允

金永玄

大正七年戊午一月　日　金東煥

楞伽寺應眞堂瞻星閣重建上樑文

南州五十論絕勝者必曰瀛洲 玉洞靈砂境界
福地八十指靈異則莫如楞伽 蘿風桂月俗塵
自別於人世 衆天玉骨峽屼削立於雲漢 肰盈
寧及於金田 秀地祥光氤氳長鎖於峰巒 成
虛有數 刼遷海岳 禪舍沒於蕪庭碧川開基
鐵無常 灾飛回碌 應眞寃於雲間宗機共創
之靈蠲幾泯 香火萎於羅漢 豈料瞻星一閣 年
之遺跡獨存 聖壽延於喬柘 棟
淡歲久 金鐘倒折慾白日於炬霞 林巒無色

傾樑摧 玉階崩頹關黃昏於烏鵲 巖洞荒凉
物感如此 青山不老 巨靈潛藏神光鍾清
人悲可量 耶賴 綠水長存 善神守護瑞物蓄精
淑之氣 襄必有盛乃數之常 本寺住持碩聰 初
英之華 晦必有明即天之道 再
受印於黃鷄命清志之照祥 頓覺靈貽繼起撤尾
灉任於黑鼠浮檀施之曰信 明訓施以上緣力補実樑
柚椽 欂櫨栖鶩迭相授受暗似初月之崇福
頁柱 窓户高闓競以城戚不下空國之香積
獻花神禽碎 好音於樹上 庬眉老宿瞻星月於萬

聞經異石共低頭放雲邊 方袍韻釋唱魚梵放
歲 僧樂如此 爰擧俏樑 抛樑東
秋 神護可知 輒歌短唱 一髮青螺點碧空
鯨海浪閑風八律 抛樑南 入定
扶桑陽谷望中通 叅盡雲堂前後三 百千世
來觀妙樂 抛樑西 栢樹空庭雖不
界在邇之 九品蓮臺在眼低 祖師來意已全
立 抛樑北 韻釋高僧談妙蓮
提 俯視蜂房拱北極 從天花雨四時落
抛樑上 署來寒往四時中

紛紛仙侶倍天仗　八部神龍皆讚向
拋樑下　　生平若不觀心靈
金輪水際不相捨　八熱八寒更有噁
伏願上樑之後　諸天咸衛四部同臨更無天文
之錯行永有地理之順序施財者無漏之福將日月
而無窮勸化者不朽之功與乾坤而永大
乾隆五十七年壬子閏四月二十四日
曹溪後學九峯戒友謹書
山中大禪師法印
勝慧

時住持碩聰　首僧素察　施主秩

都監 理熙　三輔 莊性　近明　帶訓　法

別座 宴俊　書記 莊慧　應訓　羨儧　孟

木手　梁德貴

黃順巻

張化羅施

朴貴峯

百名大衆同力

興陽縣八影山西不思議庵重刱上樑文

法自鹿苑而鷲峰而鷺池而東說西說三百
會說人有菩薩也緣覺也聲聞也大乘小乘
億萬緇僧　鰈域本稱小華處々金沙玉洞
鴈塔々々點福地片々石塔江山
豈若夫　高興之東維前控三方之大海地接瀛洲
八影之西麓後列八峰之名山天隣玄圃
自是南洲第一名區　中設觀音寶殿
是以
何處更有壯麗福地　後起應眞法堂
惟此觀音菩薩ㅣ 聞病授藥咸。誦廣濟醫王

尋聲救苦亦 稱大悲聖慈
誌石函而浮海分明月氏之名 丈六釋迦如
托魚網而出水怳惚船人之夢 二八羅漢若
圓月之皎皎 時遊於蘿月松風雪眉覆眼而
列星之輝輝 倘登於層巖絶壁霞衲半眉而
入定 琪樹瓊枝法花灼灼 太史記而難言
觀空 金澗玉水心月團團 龍眠畫而莫狀
然而 泡花石電古往而今來 棟樑傾側忍見
劫雨藍風時移而物換 丹青汗漫那堪
曩時之風光 明燭發願慨梵宇之風雨

今日之景色 炷香獻誠淊般生於水火
擅心若草風靡而皆從 鉢滿居士之飯
聖感如鐘搥扣而同應 園布長子而金
不招曾班而工匠自來 斧彼鋸彼松茂〻
無假綦鞭而木石盡輸 斲斯度斯翬飛〻
竹苞經營於心上 天護神衛佛法更長於
鳥革喚吪於眼前 錦嶂繡峰俗塵不到於
河沙之刼波 般賀悅目 載陳燕賀六偉之
烟霞之世界 齊拃慶懷 庸助虹樑百尺之
謡 詩曰 抛樑指東 遠在金色 抛樑指南

舉　玉削八峯　火土運風　碧海如藍
百城詢友　拖樑指西　若人欲去　拖樑指北
五十三叅　九蓮如車　大字力提　無憂之國
國中無憂　拖樑指上　勿等閒看　拖樑指下
歌太平曲　日月晃々　菩薩現相　佛座蓮座
紫磨金容
其光如火
伏願上樑之後
法雨普洽　聖力
佛日長明　普被
暢盈　洋々溢々
福祿　濟々蒼々
崇禎紀元後四光緒七年辛巳三月二十三日　幻海後雪巖

楞伽寺史記

喜沾謹書

施主錄

大施主郭宗行乙巳生子房昱次子奉昱 錢文壹佰兩

宋喆浩 座首

薛景敏 戶長

朴禎煥 吏房

申啟杰

金太庚

金在淳 長興

安爀基 京

本寺

碧梧 舜英

化主雪巖 喜沾

歇巖 尚欣

完峰 洛欣

萬巖 大淳

時主持儀寬 別座

金喜錫 化禮
鄭萬遵
鄭邦祿
鄭邦燁
申鳳輪
宋載允

前主持 謹岑
儀岑
應律
化主 敬珉
就玄
奉益
處桓
行善

書記 戒文
都片手 李在善

金大賢

姜和一

役丁監察 郭來秉宗

供養主 良孜

奉益

聖浩

成造都監 影巖

創設往在成化十七年辛丑三月日自正德嘉靖

萬曆崇禎嘉慶道光至光緖今爲九次重創

興陽郡八影山楞伽寺西佛庵記

國之南八百里有縣曰高興縣之東一由旬有山曰八影旧號八田而今稱八影者後魏路踆氏十三年八峯隨印於魏主盟器主異而使之以物色旁求天下迺得于海上國以瑞錦繪賜八影二字遣使來國號稱大伽藍今稱楞伽寺也山之勝槩能與智異月出爭雄其餘天藏地秘神出鬼沒之狀覽者自得叵能盡擧也峰々萬林麗有洞曰白雲千岩競秀万像交光濛々靄々潔々錦々者若夏天之雲故

土人謂之白雲洞(前一白雲寺今亡 有山幕也)非採藥所罕到
洞之隮有庵曰西佛懸崖作爲壬丙爲向背四
簷如城非梯莫能攀牛㹀山之青龍馬伏山之
白虎遶迤低伏爭秀藏抱碧落山嵓底最可珍
者號曰銀泉味甘光潔眺而望也隱几可摩者
溢洲之漢拏背而仰之延頸可呼者雲峯之方
丈蒼茫碧海諸島之交錯者彷佛乎一局碁
兩桂峯石如鳥頭辭宾淫汀波心者即東海上
胸聳中峯東門是也於此小可安心靜慮能以
化化作佛者琉球太子漂流還國其儷不億相

地者謂雲中仙庵者於此不勝矣敍庵頗久而
未聞僧化于此是以爲西庵之大觀也庵無文考
但取信樑文而已也其略曰東晉義熙十三年卽
新羅訥祇王三年我東阿度和尚之所創也迄
紀元後五辛酉(唐太宗貞觀五年)山之釋碩仁與心重葺
鷄巖崔嵬一躬觀音來自月盈有緣卽應翼
室並明十六聖像作大補田無願不遂二鼠迭
侵四劫相尋理固然矣越光緒四年庚辰住山老
雪嵒禪師慷慨補地壞空經之營之雪樑而
僅材架險霜相滲而獲重粘新魅日告訖徽君

化成玉磬含鴻濛之月方丈之霜華石竇吼松
澗之風四時天樂雖居鮮浮提海中寧愧兜斯
陀天上噫住斯庵借是佛者若得觀音千手眼
之一攬長河爲醍醐變大地作黃金不亦易乎
哉余自雲溪信宿于茲求仙乎採藥乎庵主
素有同鄉之分齋餘茶初語及本庵之終始
仍之子盍以一言係三生於此乎曰師住是庵吾
有是言豈非太過乎曰不然孔聖之生於魯
因魯史作春秋者何異是爲哉余於是乎書
爲誌

茶松子稿

興陽八影山楞伽寺遊山錄 枃作草

金剛一脉落南下 八影嬴洲第一山 山北有
楞伽寺 創建規模實宏大 丙坐壬向乃[illegible]
局 創主圓日正玄師 排布作名大々景
七言古風小々詩
略說其槩曰
地霓橋下魚龍躍 天虹梯上飛仙去 魚遊[illegible]
下水洋々 一柱门內釋重々 東南寺客朝合[illegible]
左右水砧連夜鳴 枃登觧脫忘世慮 轉入天
王閣天樂 象王樓題有何意 戰中云衆人中土

八字正門中央立 菩薩金剛次第坐 大雄殿裡
諸佛會 二六時中常說法 八相成道轉法輪
自古諸佛本家風 明月堂前應送月 永興語心
兼究栢 淘汰金鑛上兜率 證淂妙寂是能仁
出世爲僧規柯風 元興基臺遏屹數高 尋釰屋
裡無明斷 霧集堂上惠日明 昔日靈山今寂寞
冥王列坐論賞罰 梭鍊明珠如淸河 養眞道人
淂法雲 瞻星閣上占時分 香積廚中好用心
淸心便是眞文殊 金樂全上皆普賢 新旧影堂
諸祖師 應眞十六大羅漢 龜背石碑有何事

此內楞伽寺跡記 浮屠塔上毘盧佛 圓覺證常
兼妙覺 中峰又見金水窟 鉢盆一峰亦奇崛
金剛一拳消廣洞 女指夜望馬鳴峙 龍鞍岺
客入九靈 亦是山中一景槩 香炉峰下細烟洞
地藏金佛坐石門 水月庵上飛猿洞 不去西天
是安養 雲捲青天落霞金 高登天嶺覩萬星
月影高飛八影山 大海波心列孤島 仗影峰頭
學士巖 聖住岩下菩薩會 獅子吼中衆獸服
象王回旋群生悅 五老峰邊多鶴穴 頭流岩石
下盡龍潭 翠積峰前松盡蒼 七星臺上星曆

峰頭烽火時々擧 邊方消息通長安 西佛庵
勝難可說 東不庵奇亦何記 普賢菩薩今何在
空谷只有古佛基 蜂房鵠殿重々疊 眼界紛々
杳難別 其餘許多無限景 拙筆難記俟知者

楞伽寺史記

一七五

八影山楞伽寺八相殿勸緣䟽

寂光淨土中法身本自離名離相娑婆燬宅由

力卽能示滅示生以爲三界九類盡茹焚溺之非

六道群靈共迫傻庚之患便乃從天而下衆血

日而始托於大術胎卽地之中作輪王而降誕於畄

嵐苑四門遊覽見東宮厭老死而深悲八夜逾城中

途返騎從而獨逝抽刀而截綠髮塔起天宮脫衣

而換染衣形參仙衆棲身雪嶺六載但餐一麥一麻

入浴連河二人各將獻糜獻座摧魔軍於樹下十

力已全示寶藏於宅中四心受發於是起菩提

座上詣鹿野苑中三思而五人先度憍陳那悟四
諦理剖解標名舍利弗得一偈傳四心契智洪鐘在
簴扣小大而隨鳴明鏡忘疲應胡漢而不忒慈
雲遍覆甘露普沾示二邊而即中爲一事而成表
譬如布舟楫於溟壑指彼岸而齊登縣日月於幽
霄無暗室而不燭暨乎事作已辦功成不居將息
化而歸眞類盡薪而滅火獅吼輟響法幢既而傾
摧鶴樹潛神衆生悪乎攀佈大地河岳俱興痛若
之悲群八部人天同現芬陁之血色難繼寶炬出聖
火而自焚各捧金壜碎全身而遺蔭斯教不墜典

刑猶存龍馬諸賢佩菩薩印競唱道等於身毒什
燈群彦轉法王輪並宣揭於支那像設譔手丹青
貝葉翻於油素賁皇圖而有永續佛壽於無窮
加以金刹連雲四遠瞻而盈視珠臺架迥七衆望
而爭投法鼓雷鳴非動泗濱之石薰爐消篆遥齡
海岸之香萬々斯年悠々受劫茲寺也
壹中別界海上名區雖載創紺園而尚多餘地
先當起教層之傑閣使日月廻旋於棟樑次復
寫八相之靈儀俾緇素依歸而瞻仰惟我道俗俱
興善念深結良緣架棟宇而翬異如雲端美輪

興而歸然物表則現世及後生介介成彼多寶
如來不空福德東塗又西抹聲々祝他無量壽佛
豈敢辜恩

表彰狀

高興郡楞伽寺
住持 金谷基玄
法號 海隱

右師同寺住持就任後堂宇ノ重修
及新建事業ニ盡粹シ其ノ功績多
大ナルニ依リ星月菩提念珠一聯並ニ

金壹百圓也ヲ以テ茲ニ表彰ス

昭和十六年十一月二十七日

松廣本末寺代表

大本山松廣寺住持林原吉

楞伽寺史記

50. 興陽縣 八影山 西不思議庵 重創 上樑文, 幻海後 雪巖喜沾 書
(崇禎 紀元後四 光緖7年 辛巳 : 1881 高宗18) ············ 161
51. 興陽郡 八影山 楞伽寺 西佛庵 記, 茶松子 稿
(1892～1895 松廣寺誌 p.154) ············ 168
52. 興陽 八影山 楞伽寺 游山錄, 初作草
(秋坡堂養初? 19世紀 前半) ············ 172
53. 八影山 楞伽寺 八相殿 勸緣疏(栢庵性聰 17世紀 後半) ············ 176
54. 表彰狀, 海隱 ← 林原吉 (昭和 16年 : 1941) ············ 180

28. 寺有貴重品 讓與 許可 (昭和14年 : 1939) ········· 46
29. 寺有財産 減少届 (昭和15年 : 1940) ········· 47
30. 寺有貴重品 讓與 許可願 (昭和14年 : 1939) ········· 49
31. 寺有貴重品 讓與 許可 (昭和14年 : 1939) ········· 51
32. 寺有財産 減少届 (昭和15年 : 1940) ········· 53
33. 朝鮮國 全羅道 興陽縣 八影山 楞伽寺 事蹟碑銘 并序, 吳遂采 撰
(崇禎紀元後 再庚午 : 1750 英祖26) ········· 55
34. 興陽縣 八影山 楞伽寺 大法堂 重建 上樑文, 最吶 撰
(乾隆33年 戊子 : 1768 英祖44) ········· 81
35. 楞伽寺 大雄殿 重修 上樑文 (同治2年 癸亥 : 1863 哲宗14) ········· 94
36. 楞伽寺 爐殿 上樑文, 白波辮琦 序 (乾隆33年 戊子 : 1768 英祖44) ········· 96
37. 八影山 楞伽寺 天王門 上樑記, 幻海門人 影潭冠璟 稿
(道光4年 甲申 : 1824 純祖24) ········· 100
38. 冥府殿 (道光2年 壬午 : 1822 純祖22) ········· 105
39. 新造成 一如來 六菩薩 十六大阿羅漢 二帝釋 二使者 二童子 兩金剛
諸端嚴相記願, 秀演 記 (康熙24年 乙丑 : 1685 肅宗11) ········· 111
40. 願文 (康熙46年 丁亥 : 1707 肅宗33) ········· 120
41. 萬景庵 上樑文, 金學茂 著 (咸豊7年 丁巳 : 1857 哲宗8) ········· 125
42. 八影山 萬景庵 事蹟記, 金學茂 記 (癸酉 : 1873 高宗10) ········· 129
43. 萬景庵 羅漢殿 重刱 勸善文, 金學茂 著 (咸豊7年 丁巳 : 1857 哲宗8) ········· 134
44. 萬景庵 續小記, 金鳳煥 續記 (壬寅 : 1902 光武6) ········· 136
45. 萬景庵 上樑文, 申昶模 製 (光武6年 壬寅 : 1902) ········· 139
46. 興陽郡 八影山 萬景庵 重修記, 申昶模 記 (光武 癸卯 : 1903) ········· 143
47. 續 八影山 萬景庵 泳歸重修故事 序, 柳重栳 序
(隆熙元年 丁未 : 1907) ········· 147
48. 全羅南道 高興郡 占岩面 八影山 楞伽寺 萬景庵 重修 記念碑銘,
金相喜 撰 (大正7年 戊午 : 1918) ········· 152
49. 楞伽寺 應眞堂 瞻星閣 重建 上樑文, 九峯戒友 序 (乾隆57 壬子
: 1792 正祖16) ········· 156